KB017549

스타트업 플레이북

BOOK
JOURNALISM

스타트업 플레이북

발행일 ; 제1판 제1쇄 2021년 4월 26일
참여 ; 허윤경 · 이상범 · 박현호 · 남세동 · 김희정
윤소연 · 이철원 · 이영준 · 김경태 · 김재홍 · 김미희
김태우 · 이웅 · 빅터 칭 · 이영호 · 이종혼 · 이용재
발행인 · 편집인 ; 이연대 편집 ; 전찬우 제작 ; 강민기
디자인 ; 유덕규 · 김지연 지원 ; 유지혜 고문 ; 손현우
펴낸곳 ; ㈜스리체어스 _ 서울시 중구 삼일대로 343 9층
전화 ; 02 396 6266 팩스 ; 070 8627 6266
이메일 ; hello@bookjournalism.com
홈페이지 ; www.bookjournalism.com
출판등록 ; 2014년 6월 25일 제300 2014 81호
ISBN ; 979 11 90864 98 5 03300

BOOK
JOURNALISM

스타트업 플레이북

북저널리즘

;유통 시스템을 혁신해 미국 안경 시장에서 유니콘으로 성장한 와비파커의 창업자 닐 블루멘탈은 말한다. "스타트업은 해결책이 명확하지 않고, 성공이 보장되지 않는 영역에서 문제를 해결하기 위해 노력하는 기업이다." 그의 정의에 따르면 스타트업이란 아무도 가본 적 없고 정확한 이정표도 없는 낯선 길에 뛰어들어 변화를 만드는 조직이다.

차례

실리콘밸리의 스타트업 액셀러레이터 와이콤비네이터Y Combinator 회장을 지낸 벤처 투자가 샘 알트먼Sam Altman은 "좋은 사람을 고용하는 데 있어서는 타협하지 말라"고 조언한다. 좋은 사람과 나쁜 사람에는 전염성이 있어서, 그저 그런 사람들로 팀을 꾸리면 평균을 올리기 어렵다는 것이다. 그는 부정적인 사람도 피하라고 말한다. 대부분 사람이 실패를 예상하는 초기 단계의 스타트업은 팀 내부가 강한 믿음으로 결속돼 있어야 하기 때문이다. 샘 알트먼의 조언을 종합하자면 비즈니스의 성공 가능성을 깊이 믿는, 뛰어난 사람을 찾아야 한다는 이야기다. 그만큼 스타트업의 채용은 어렵다.

스타트업 세 곳의 채용 담당자를 만나 팀 빌딩의 전략을 물었다. 기업 비전에 대한 지원자의 공감도를 알아보는 방법, 채용의 기준, 합류한 멤버를 팀에 적응시키고 동기를 부여하는 법 등이다. 협업 툴 잔디를 만드는 토스랩, 채용 및 네트워킹 서비스 로켓펀치, 프리랜서 마켓 크몽이 인터뷰에 참여했다.

토스랩 허윤경 HR 매니저 ; 책임감, 커뮤니케이션, 그리고 긍정적 마인드

토스랩은 협업 툴 잔디를 서비스하는 7년 차 스타트업이다. 업무용 메신저로 시작해 채팅, 파일 전송과 코멘트, 일정 확인 등 업무에 필요한 다양한 서비스를 제공하고 있다. 한국 본사와 대만, 말레이시아 법인이 있다. 전체 팀 규모는 35명 정도다. 본사에 약 30명, 나머지가 해외에 상주하고 있다. 토스랩의 인사를 담당하고 있는 허윤경 HR 매니저를 만났다.

팀원의 조건

협업이 중요하지만, 협업만 잘하는 사람은 없을 것이다. 우리와 함께할 멤버가 갖고 있었으면 하는 요소를 회사가 3년 차쯤 되었을 때 세부적으로 정리해 두었다. 크게는 일에 대한 책임감, 커뮤니케이션 능력, 긍정적인 마인드 세 가지다. 각 요소의 세부 사항도 있다. 책임감은 업무의 목표를 스스로 설정할 수 있는 목표 설정력, 이루어 가는 과정에서 성과를 내고자 하는 지향력, 마무리를 하는 완결력으로 구성된다. 커뮤니케이션 능력에 필요한 세부 요소는 상대를 존중하는 마음, 잘 듣는 능력, 잘 표현하는 능력이라고 정의했다. 긍정적인 마인드는 함께 일을 잘하기 위해 필요한 특성이다. 일도 잘하고, 소통도 잘하지만 왠지 함께하고 싶지 않은 사람이 있다면 어떤 사람일지 고민해 보니 시니컬하고 부정적인 생각을 가진 사람이더라. 그런 사람과는 함께 '으쌰으쌰' 하면서 일하기 어렵다고 생각했다.

이렇게 세부 요소 일곱 가지가 토스랩의 인재상이고, 이것에 따라 지원자를 판단한다. 이 인재상은 팀 전체 워크숍을 하면서 만들었다. 네다섯 명으로 다섯 개 조를 구성해 의견을 수렴하고, 이를 모아서 정리했다. 인재상을 세팅해 두니 채용에도 쓰이고, 멤버의 업무 피드백이나 조직 적합성 피드백 항목으로도 쓰이고, 새로운 조직 제도를 만들 때도 쓰이더라. '이런 멤버를 채용하고 유지하기 위한 제도'라는 기준이 생긴 것이다.

면접에서 반드시 하는 질문

우리 인재상의 일곱 가지 요소를 면접에서 알 수 있냐고 묻는다면, 나는 알 수 없다고 말한다. 인사 업무를 하면서 채용 과정의 한두 시간 동안 지원자의 생각과 자질의 절반도 확인하기 어렵다고 확신하게 됐다. 그렇기 때문에 기대와 의심 사이에서 기대에 가까우면 채용한다. 이런 전제하에, 일곱 가지 요소가 있다고 추정되는 사람을 찾는다. 가장 중점적으로 확인하는 부분은 '왜'다. 왜 토스랩인지, 왜 잔디 서비스인지, 왜 이 직무의 담당자인지를 묻는다. 지원자가 우리가 원하던 것과 상반된 캐릭터를 가졌더라도, 본인만의 이유가 명확하면 매력적으로 느낀다. 단순히 취업을 위해서 지원한 것이 아니라 자기 비전을 실현하기 위해서 토스랩을, 이 직무를 선택했다는 점이 명확하면 설득력이 있더라.

비전에 대한 공감

면접 일정을 잡을 때부터 지원자에게 "이 자리는 우리가 당신을 일방적으로 평가하는 자리가 아니다, 당신도 우리를 확인하고 인생을 맡길 만한 조직인지 평가해 달라"는 말씀을 꼭 드린다. 그리고 지원자가 우리 회사나 서비스에 대해 미리 얼마나 확인을 했는지, 우리를 평가하기 위해 얼마나 준비되어 있는 사람인지를 본다. 실제 채용된 사람을 보면, 우리의 서비스를 확인해 보고 직무 관련 자료를 많이 찾아본 분들이 직무 측면에서 매력적인 커리어를 가진 분들보다 회사에 더 잘 맞더라. 스펙과 상관없이 우리 팀에 관심을 갖고 있고, 찾아보는 노력을 하는 분이 회사가 가고자 하는 방향을 더 쉽게 이해하고, 더 적극적으로 회사가 이루고 싶은 목표에 힘을 실어 준다.

정보 제공

서류 전형에 합격한 지원자를 잔디에 초대한다. 실시간 협의가 가능하도록 채널을 열고, 자료를 많이 드린다. 회사 소개 자료, 블로그나 페이스북 링크 등이다. 본인이 찾아보는 노력을 해주면 고맙겠지만, 적어도 우리가 한번 뵙고자 한 분이라면 드릴 수 있는 정보를 다 드리려고 하는 편이다. '블로그에 이런 톤으로 글을 쓴 걸 보니 나랑 안 맞아' 같은 판단을 해줬으면 좋겠다는 생각에서 드리는 것이다. 그런 정보를 다 보고

서도 면접 자리에 온다면, 어느 정도는 우리를 마음에 들어 한다고 전제하고 대화를 나눌 수 있다.

잔디 채널이 열려 있는 것만으로도 많은 정보를 쉽게 공유할 수 있다. '복장은 어떻게 해야 하지?' 같은 생각이 들면 바로 잔디로 물어볼 수 있다. 사람인 같은 채용 사이트에도 인사 담당자가 직접 질문에 답을 해주는 서비스가 있지 않나? 지원자들은 실제 회사에서 일하는 사람과의 커뮤니케이션으로 가장 많은 정보를 얻는다. 잔디 서비스를 미리 경험해 보는 의미도 있다. 최근에는 서비스 테스트 업무를 해주실 분을 채용했는데, 지원자인데도 잔디 토픽에서 테스트를 하시더라. 관심을 많이 가져 주셔서 감사했다.

채용의 기준

함께하고 싶은 동료, 멤버를 보는 기준은 초창기나 지금이나 유사한 편이다. 하지만 그때그때 필요로 했던 포지션에 따라, 회사가 집중하고 있는 부분에 따라 조금씩 달랐다. 초반에는 열정을 갖고 회사를 함께 키워 나갈 수 있는 신입 멤버들을 많이 뽑았다면, 서비스가 어느 정도 만들어지고 확확 치고 나가야 할 때부터는 경력직 비율을 늘리게 되었다. 하지만 큰 기준들은 변하지 않는다. 세일즈 분야에서 12년 차 정도의 시니어 멤버를 뽑을 때와 마케팅 분야에서 트렌디한 콘텐츠를 만들 준주니어급 마케터를 뽑을 때라고 해도 가장 큰 기준은 동일하다.

온보딩

글로벌 멤버 대상으로는 '잔디 온보딩 프로그램'이 있다. 해외 지사에 합류한 신입 멤버들을 국내 본사로 모셔서 진행한다. C레벨 멤버의 강의를 듣는다거나, 직무 프로세스를 명확히 알 수 있도록 각 직무를 담당하는 매니저들이 클래스를 연다. 유사한 시즌에 입사한 분들을 모아 일주일 정도 진행한다.

국내 멤버 대상으로는 '소프트 랜딩 프로그램'이라고 부르는 OJTOn-the-Job Training 프로그램이 있다. 회사에 대해 알 수 있는 콘텐츠들을 제공한다. 회사의 연혁과 스토리를 CEO가 설명해 주고, COO가 잔디 서비스의 사업 분야를 공유하며, 프로덕트에 대해 CTO가 강의하고, 내가 인사 제도나 문화에 대해 설명한다. 직무와 상관없이 우리 팀이 어떤 방향성을 갖고 왔었는지 과거, 현재, 미래를 짧은 시간에 확인할 수 있도록 한다. 이런 기회가 아니면 회사의 이전 스토리나 다른 팀의 이야기를 알기가 쉽지 않다. 이 프로그램이 끝난 후에는 신규 멤버들이 익명으로 강의 콘텐츠를 평가한다. C레벨 세 분과 내가 보이지 않는 경쟁을 하고 있다. (웃음)

동기 부여

가장 중요한 요소는 회사와의 동기화라고 생각한다. 이 회사, 잔디 서비스에 애정이 있는 분들은 리워드가 조금 아쉽더라도 더 큰 그림을 그리면서 함께하실 것이다. 우리가 멤버 유지를 위해 중요하게 생각하는 것은 공유와 공감이다. 연간 목표를 세울 때도 실시간으로 멤버와 공유하고, 이루어 가는 과정을 월별 전사 미팅을 통해 경영진이 보고한다. 연간 목표 중 이번 달 목표는 무엇이고, 얼마나 달성했고, 어떤 부분이 부족했는지 과정과 결과를 공유한다. 시작, 중간, 끝을 공유하는 셈이다. 이렇게 반복되는 정보가 쌓이면 공감할 수밖에 없다. '몇억 달성이 목표래'라고 한 번 듣는 건 공유인데, 여러 번 들으면 '꼭 달성해야지' 하고 공감하게 된다. 한배를 탔다는 느낌을 가질 수 있도록 하는 것이 가장 중요한 포인트다.

평가와 보상

그 외에 동기 부여를 위한 다양한 제도도 있다. 업무 퍼포먼스와 조직 핏fit에 대한 피드백을 반기별로 하고 있다. 잔디 피딩 feeding이라고 부르는 일종의 인사 평가다. 6개월간의 업무 성과와 조직 인재상과의 부합 정도에 대해 동료와 리더의 피드백을 받는 기회다. 이를 토대로 다음 반기는 더 성장할 수 있게 돕는다. 이 결과를 쌓아서 연간 연봉을 협의한다. 자신의 성과와 행동에 책임을 질 수 있는 구조다. 잔디 피딩 결과가 직전 반기에 비해 월등히 성장한 분이 있다면 '반기별 잔디 언'으로 선정해 특별 성과금을 드리는 제도도 운용한다. 우리는 리워드가 성과로부터 멀어질수록 효과가 떨어진다고 생각한다. 반기별, 연간 잔디 피딩을 통한 포상 외에도 팀 차원의 특별한 성과가 있다면 시점에 구애받지 않고 리워드를 드리려고 하는 편이다.

로켓펀치 이상범 전략 이사 ; 일하기 좋은, 빠르게 성장하는 회사가 동기를 부여한다

로켓펀치는 채용 정보와 사용자 프로필을 기반으로 비즈니스 네트워킹 서비스를 제공한다. 2013년 채용 정보 서비스를 론칭했고, 2015년 사용자 정보와 네트워킹으로 서비스 방향을 전환했다. 로켓펀치 팀에서 전략을 총괄하는 이상범 이사의 이야기를 들었다.

면접에서 반드시 하는 질문

10년 후에 어떤 사람이 되고 싶은지 묻는다. 앞으로 어떤 사람으로 성장하고 싶은지, 혹은 어떤 사람으로 기억되고 싶은지에 대한 질문이다. 이 질문을 통해 지원자가 일을 대하는 관점을 파악한다. 그 후에는 로켓펀치 팀에서 일하는 것이 지원자의 목표를 달성하는 데 도움이 될지를 판단한다. 로켓펀치는 단순히 돈을 벌기 위한 목적으로 일을 하는 사람보다는, 일을 즐기는 사람을 원한다. 일을 즐기는 사람들은 커리어에 대한 자신만의 목표가 있고, 이를 달성하기 위해 다양한 방법으로 자기 계발을 한다. 이런 사람들에게는 로켓펀치 팀에 합류하고자 하는 것도 자기 계발의 일부가 된다.

비전에 대한 공감

서류 심사 통과자와는 팀 합류 전에 사전 인터뷰 및 팀 전체 인터뷰를 진행한다. 이때 로켓펀치 팀에 합류하고자 하는 이유를 묻는다. 이 질문을 통해 확인하는 것은 로켓펀치를 어떤 서비스로, 어떤 기업으로 인식하고 있는지, 로켓펀치의 성장 방향성을 이해하고 동감하는지, 로켓펀치가 성장하는 과정에서 본인은 어떤 역할을 할 수 있는지, 본인의 성장 과정에서 로켓펀치에서의 경력이 어떤 도움이 될 수 있는지 등이다. 이런 이야기를 나누면서 지원자가 로켓펀치의 비전에 공감하는지 확인할 수 있다.

채용의 기준

창업 초기에는 소수의 인원으로 다양한 업무를 해야 했기 때문에 멀티 플레이어를 선호했다. 반면 최근에는 각 분야의 전문성을 기준으로 채용한다. 세부적으로 보면 해당 업무를 주도적으로 수행할 충분한 경험과 실력이 있는지, 로켓펀치의 자율 근무 환경을 활용하여 책임감 있게 업무를 수행할 수 있는지, 다른 동료들과 조화롭게 협업을 할 수 있는지, 세 가지를 중점적으로 살펴보려고 한다. 꼼꼼히 살펴보기 위해서 지원자들에게 약 일주일간 수행해야 하는 과제를 준다. 팀 합류 후 실제로 수행해야 하는 업무와 비슷한 과제다. 관련 담당자들이 제출된 결과를 리뷰하며 팀 인터뷰 진행 여부를 결정한다.

온보딩

모든 팀원들이 대표 혹은 각 분야의 총괄 담당자와 매달 한 번씩 정기적으로 면담한다. 업무 과정의 불편, 성장을 위해 필요한 요소, 대표에게 제안하고 싶은 것 등을 자유롭게 이야기한다. 원활한 커뮤니케이션을 통해 회사와 구성원이 모두 성장하고자 하는 노력이다. 합류한 지 얼마 되지 않은 팀원은 면담에서 더 많은 정보를 상세히 공유한다. 자율 근무와 같은 로켓펀치의 조직 문화에 잘 적응하고 있는지, 회의 시간은 적절하다고 생각하는지, 함께 일하는 동료들과 문제는 없는지 체크한다. 개선이 필요하다고 판단되면 최대한 빠르게 조치한다.

동기 부여

일하기 좋은 기업 문화를 만들고, 회사가 빠르게 성장함으로써 동기를 부여하려고 노력한다. 자율 근무는 이러한 노력의 일환이다. 팀원 각자가 업무에 더 집중할 수 있는 곳에서 생산적으로 일할 수 있는 환경을 제공한다. 자율 근무를 통해 더 효율적으로 일할 수 있도록 여러 제도를 구축하고 있다. 대표적으로 주 1회 가사 도우미를 지원해 집에서 일하는 팀원들이 업무에 더 집중할 수 있도록 돕는다. 원하는 운동을 자유롭게 할 수 있도록 비용도 지원한다.

회사의 빠른 성장을 위해서는 직원들에게 로켓펀치의 주요 지표를 매일 공유하고 있다. 지표 모니터링을 통해 개선해야 할 서비스를 살피고, 빠른 성장을 위해 필요한 전략을 고민한다. 성과 평가는 연 1~2회 실시하는데, 팀 전원이 개별 구성원에 대해 익명으로 평가하고, 결과를 공유한다. 이 결과는 연봉에 반영된다. 각자가 잘하고 있는 부분은 무엇이고, 보완해야 할 부분은 무엇인지 파악할 수 있다.

크몽 박현호 대표 ; 실력이 있다고 잘하는 것은 아니다

크몽은 2012년 론칭한 프리랜서 마켓 플랫폼이다. 전문가는 서비스를 판매해 수익을 얻고, 사용자는 필요한 서비스를 구매해 이용한다. 디자인, 마케팅, 컴퓨터 프로그래밍, 번역, 문서 작성, 레슨 등 다양한 분야에서 서비스 거래가 이루어진다. 약 50명 규모의 크몽 팀을 이끌고 있는 박현호 대표에게 물었다.

면접에서 반드시 하는 질문

우리는 기본적으로 실무 능력을 평가한다. 하지만 능력이 아무리 뛰어나더라도 우리와 맞는 사람이라는 확신이 서지 않으면 채용하지 않는다. 이를 확인하기 위해 묻는 몇 가지 질문들이 있다. 우선 '왜 일하는가'다. 일을 하는 동기는 매우 중요하다. 개발자라면 프로그래밍에 대한 열정이 무엇보다 중요하다. 돈이나 주변의 기대, 타성으로 일한다면 큰 성과를 낼 수 없다. 본인의 업을 즐기고, 가치 있게 여기고, 성장을 추구하는 사람만이 크몽의 'work happy' 문화에 맞는 사람이고, 큰 성과를 낼 수 있다고 믿는다. 두 번째는 '10년 후에 하고 싶은 일'이다. 일을 하는 동기에서 확장된 질문이다. 진짜 원하는 일이 무엇인지, 개인의 비전이 무엇인지, 그 방향이 우리의 가치와 일치하는지 확인하려 한다. 세 번째는 '다른 사람과 다른 본인만의 특별한 점'이다. 크몽 팀은 프로세스에 따라 정해진 일만 잘하는 사람이 아니라, 창의적이고 특별한 사람을 원한다. 그 사람만이 가진 차별점은 우리에게 매우 중요하다. 네 번째는 '크몽 팀에 지원한 이유'다. 단지 좋은 일자리라서 지원했는지, 우리의 사명과 비전을 이해하고 그것을 위해 함께 뛸 준비가 되었는지를 확인하기 위한 질문이다. 마지막으로 이상적인 회사의 모습을 묻는다. 우리가 지향하는 기업 문화와 가치에 동화될 수 있는 사람인지 파악하기 위해서다. 반대로 지원자가 크몽 팀에 질문하는 과정 또한 중요하게 여긴다. 우리 팀과 지원자가 서로 잘 맞는지는 일방적으로 판단할 수 있는 것이 아니다.

비전에 대한 공감

회사의 사명이나 비전에 공감해 지원했다면 크몽 비즈니스에 대한 기본적 이해가 있을 것이다. 이것은 크몽을 사용해 보거나, 크몽의 미래에 대해 고민을 해보는 등 우리에 대한 관심으로 이어진다. 이렇게 지원자가 기본적으로 우리 서비스를 이해하고 있다면, 비전에 대해 함께 이야기를 나누어 본다. 만약 크몽 비즈니스에 대한 이해가 부족한 상황에서 지원했다면, 공감대 형성이 불가능할 것이다.

채용의 기준

처음에는 실력만 봤다. 초기에는 채용이 어렵기 때문에 적당히 실력이 있다고 판단되면 채용하기도 했다. 하지만 실력만 있으면 알아서 잘할 것이라는 생각은 큰 착각이었다. 크몽 팀은 수직적이지 않다. 누군가 정해준 일, 시키는 일만 잘하면 되는 구조가 아니다. 스스로 무엇을 해야 할지 판단하고, 동료와 소통하면서 알아서 성과를 만들어야 한다. 그런데 초기에는 우리의 사명이나 비전, 기업 문화가 제대로 형성되어 있지 않아서 각자 본인이 이전 회사에서 일하던 방식이나 개인적 취향에 맞게 일을 했다. 그러다 보니 각자 다른 생각을 하게 되고 분쟁이 잦아졌다. 새로운 사람들이 많이 들어오고, 많이 나가는 식이었다. 많은 시행착오 끝에 회사의 탄탄한 사명과 기업 문화가 필요하다는 것을 절실히 깨닫고 여기에 신경을 썼다. 그러고 나니 무엇보다 채용에 신중해졌다. 당장 어떤 일에 꼭 필요한 사람이고 능력이 좋다고 해도 우리의 기업 문화에 맞는지, 이후 더 큰 성장이 가능한지, 팀원으로 잘 어울릴 수 있을지에 대해 확신이 없으면 채용하지 않는다. 아이폰 앱 개발자가 절실하게 필요했는데 지원자는 많았지만, 확신이 드는 사람이 없어 오랜 기간 뽑지 않았던 적도 있다.

정보 제공 방법

초기 단계의 기업에는 HR 담당자가 없거나 자원이 부족한 경우가 많다. 또 회사가 빠르게 성장하고 변하다 보니, 1~2년 전에 만든 정보가 금방 쓸모없게 되는 경우도 많다. 이런 이유로 스타트업은 채용 정보가 깔끔히 정리되어 있기 힘들다. 그래서 해당 비즈니스에 스스로 관심을 가지고 정보를 찾는 분들이 지원하게 되는 것 같다. 실제로 채용을 진행하면, 일반 채용 포털에서 지원하는 분들보다 이메일이나 SNS를 통해 직접 지원하는 분들의 비즈니스 이해도가 월등히 높다. 우리는 채용을 대기업과의 경쟁으로 생각하지 않는다. 오히려 스타트업 종사자들끼리 서로 어필하면서 좋은 사람을 데려오는 게 현실적이다. 실제로 우리 팀 사람들이 다른 스타트업으로 가거나, 우리가 다른 스타트업 사람들을 데려오기도 한다.

온보딩

체계적인 교육 시스템이 따로 있지는 않다. 기본적으로 우리는 팀원들이 자신의 역할을 주도적으로 찾아 나가기를 바란다. 다만 우리의 사명이나 비전, 기업 문화에 대해서 알려 주고 이해시키려 노력한다. 새로운 팀원이 합류하면 '버디'를 한 명 붙여 준다. 버디는 새 팀원에게 입사 초기에 잘 모를 수밖에 없는 사항들을 자세히 알려 주고, 또 팀에 잘 안착할 수 있도록 돕는다. 크몽은 팀워크를 중요하게 생각하는 회사이기 때문에 새로운 팀원과 자주 소통하는 기회를 만들고 이를 통해 필요한 부분을 서로 주고받고 있다.

평가와 보상

크몽 팀은 팀워크, 소통 중심의 팀이다. 우선 크몽 팀에 오신 분들은 기본적으로 자신의 일에 대한 열정이 있는 분들이다. 회사는 동기를 만들어 준다기보다, 이미 가지고 있는 동기를 방해하는 요소를 없애려고 노력한다. 식사와 간식을 제공하고, 인테리어나 컴퓨터 장비에 신경을 쓰는 것은 그냥 복지를 위한 것이 아니라, 일하는 데 불편함이 없는 좋은 환경을 제공하면 스스로 성과를 더 낼 수 있는 사람들이라는 믿음이 있기 때문이다. 우리는 팀원들이 인센티브와 같이 돈을 동기로 일하기를 바라지 않는다. 크몽 팀의 목표는 비즈니스를 성공시켜서 업계 최고의 대우를 받고 스트레스 없이 일에 집중할 수 있도록 만드는 것이다. 우리는 프로젝트 중심으로 움직이고 직급 체계가 심플하기 때문에 승진의 개념이 없다. 다만 고성과자에게 더 많은 도전의 기회를 주고 팀을 리딩할 수 있는 프로젝트를 준다. 연봉은 함께 일하는 동료와 프로젝트 리더, 임원의 의견을 취합하여 적정 수준으로 정한다. 성과와 시장 가치, 스타트업 간 이직 경쟁, 회사의 재무 상황 등 많은 요소를 고려한다.

페이팔PayPal 창업자이자 벤처 투자가인 피터 틸Peter Thiel은 0에서 1을 만드는 것, 즉 세상에 없던 새로운 것을 창조하는 일의 중요성을 강조한다. 0에서 1을 만드는 새로운 아이디어는 통념과는 다를 가능성이 높다. 피터 틸은 이를 "남들은 모르지만 나만 아는 진실"이라고 표현한다. 나만 아는 진실을 사업으로 추진하기 위해서는 팀 동료와 투자자는 물론, 소비자를 설득해야 한다. '무엇을, 왜 만들어야 하는가?', '누구에게, 어떻게 사용될 것인가?' 불가능해 보이는 아이디어를 현실로 만드는 창업가들이 던져야 하는 질문이다.

인공지능 영상 편집기 브루Vrew를 만드는 보이저엑스, 아이 돌봄 매칭 플랫폼 째깍악어, 정가제 리모델링 스타트업 아파트멘터리, 인도 시장에서 핀테크 사업을 선도하는 밸런스히어로의 창업자를 만나 아이디어를 사업으로 발전시키는 전략을 물었다. 아이디어를 떠올린 계기, 미션, 사용자의 피드백, 시장 가능성을 발견한 방법 등을 들었다.

보이저엑스 남세동 대표 ; 90퍼센트의 실패, 10퍼센트의 성공
보이저엑스는 딥러닝 기술을 기반으로 프로그램을 만든다. 영상 편집기 브루와 스캐너 브이플랫vFlat을 제공하고 있다. 브루는 인공지능 기술을 이용해 영상 편집을 문서 편집처럼 쉽게 할 수 있도록 한다. 브이플랫은 딥러닝을 이용해 굴곡진 면을 평평하게 스캔하는 애플리케이션이다. 세이클럽 개발자, 네이버 개발 팀장, 라인 서비스 실장 등을 거쳐 보이저엑스를 창업한 남세동 대표를 만났다.

사업 소개

보이저엑스는 인공지능으로 삶을 즐겁고, 편하게 하는 제품을 만든다. 네 가지 프로젝트를 하고 있는데, 두 가지는 이미 오픈했고 두 가지는 개발 중이다. 서비스한 지 1년 정도 된 영상 편집기 브루가 가장 많이 알려져 있고, 브이플랫이라는 스캐너 앱도 출시했다. 책처럼 휘어져 있는 면도 잘 인식하고 펴서 스캔해 준다. 개발 중인 것은 회의록과 폰트 생성기다. 회의록은 회의할 때 실시간으로 화자를 구분해서 누가 무슨 이야기를 했는지 기록해 주는 애플리케이션이다. 폰트 생성기는 영어 폰트를 입력하면 비슷한 스타일의 한국어 폰트를 만들어 주거나, 한글을 100자 정도만 입력하면 나머지 1만여 자를 자동으로 생성해 주는 제품이다. 네 가지 모두 인공지능 덕분에 가능해진 것들이다.

창업 계기

회사를 그만두고 백수로 있을 때, 노는 게 지겨워져서 공부를 하다 우연히 딥러닝을 알게 됐다. 구글 딥마인드 팀이 만든 인공지능이 벽돌 깨기 게임을 하는 영상을 보게 되었는데, 너무 신기하고 재미있어서 개발을 다시 하게 됐다. 하다 보니 혼자 취미로 할 정도가 아니라 사업을 할 수밖에 없을 것 같았다. 이것 때문에 세상이 바뀔 텐데, 그냥 가만히 앉아 있을 수가 없었다.

서비스 아이디어

백수 시절, 딥러닝 공부를 위해 영상을 찍어 올린 적이 있었다. 그때 생각보다 영상 편집이 힘들다는 것을 알게 됐다. 그걸 인공지능으로 해결할 수 있겠다는 생각이 어렴풋이 있었는데, 창업하고 나서 개발하게 됐다. 스캐너, 회의록, 폰트 생성기도 아이템 자체가 특별한 것은 아니다. 우리가 개발할 수 있을 것 같고, 이걸로 사업을 할 수 있을 것 같아서 한 것이다.

　　우리는 스타트업이기 때문에 시간이 가장 중요하다. 가령 3년을 보고 무언가를 한다는 건 엄청나게 힘든 일이다. 잘될지 안될지 모르는 일을 3년 동안 하면서 멤버들이 에너지를 유지하는 것도 쉽지 않다. 스타트업은 그 프로젝트 하나가 안되면 망한다. 그래서 우리는 2주 안에 프로토타입이 나오고, 6개월 안에 서비스를 론칭할 수 있는 것만 한다. 2주 내에 기술적으로 구현 가능한지, 사용하기 괜찮은지 검증한 후 6개월 내로 론칭한다. 출시하고 나면 우리가 마케팅을 하지 않아도 세상 사람들이 놀라워하면서 알아서 사용하는 서비스여야 한다.

　　프로젝트를 고르는 기준도 있다. 우선 앞으로 2년 이내에 1억 명 이상이 쓰거나, 연 매출이 10억 원 이상 나올 것으로 예상돼야 한다. 그리고 딥러닝 기술로 가능해진 것이어야 한다. 세상에 아이디어는 넘쳐난다. 기획이나 스타트업 경험이 적은 분들은 본인 생각이 새롭다고 생각하지만, 정말로 새로운 아이디어는 많지 않다. 5년 전, 10년 전에 이미 거론됐던 아이디어인 경우도 많다. 그래서 아이디어가 새롭다고 생각하면 착각일 확률이 매우 높다. 우리는 이전에 나왔던 아이디어이지만 구현이 불가능했다가 딥러닝 때문에 가능해진 것에 집중한다. 1억 명, 10억 원이라는 기준은 사람마다 '많이 쓰는 것', '돈이 되는 것'의 기준이 다를 수 있기 때문에 설정한 우리의 기준이다.

타깃 사용자

브루는 영상 편집자들이 쓰는 툴이다. 초보자, 전문가 모두를 타깃으로 한다. 전문 편집자들은 브루를 통해서 시간을 아낀다. 자막을 편집하고, 영상을 검토하는 시간이 크게 절약된다. 초보자들은 프리미어처럼 어려운 프로그램과 달리 쉽고, 시간도 적게 걸리기 때문에 브루를 쓴다.

나는 영상 편집자가 점점 늘어날 거라고 본다. 5년 전에 영상 편집은 대도서관 같은 일부 사람들이 하는 일이었지만, 지금은 많은 사람이 한다. 내년, 내후년엔 훨씬 더 많은 사람이 할 거다. 앞으로 5년, 10년 뒤에는 모든 사람이 영상을 편집하고, 인터넷에 올릴 거라고 생각한다. 지금 누구나 페이스북에 사진과 글을 올리듯이 말이다. 세상은 빠르게 변한다. 십수 년 전만 해도 자기 사진을 인터넷에 올리는 것은 아주 이상한 행위였다.

초기 사용자의 피드백

초기에는 사용자가 적어서 우리에게 오는 피드백이 많지 않았다. 그래서 영상 편집자들을 직접 찾아갔다. 영상 편집자들을 모아 놓고 발표하고, 의견을 듣던 중에 "이걸로 자막 만들면 엄청 편하겠다"라는 이야기를 많이 들었다. 그래서 자막 편집 기능을 추가했고, 이후 사용자가 급격히 늘기 시작했다.

스타트업의 어려움

아주 운이 좋은 경우 말고는, 초기에는 사용자 반응이 기대보다 적다. 적으면 다행이고 사실상 거의 없다. 그때 잘 판단해야 한다. 방향도 맞고 타이밍도 맞는데 우리가 무언가 잘못하고 있는 것인지, 방향 자체가 잘못되었거나 타이밍이 안 맞는 것인지 말이다. 스타트업의 미션, 비전은 사실 고집의 다른 말이다. 남들도 똑같이 생각하는 걸 비전이라고 하지는 않는다. 비전이라고 생각했던 것이 알고 보면 고집이었을 수도 있고, 남들은 다 안 된다고 했지만 1년이 지나 보면 성공하는 것도 있다. 이런 것을 판단하는 기준은 없고, 완전히 감이다.

확신을 갖는 법

나는 딥러닝을 공부하면서 인공지능이 잘될 수밖에 없다는 것을 확실히 알게 됐다. 그런데 이런 건 아무리 설명해도 사람들이 믿어 주지 않는다. 아이폰이 처음 나오면 '이게 미래다' 생각하는 사람이 있고, 생각하지 못하는 사람이 있는데 후자가 훨씬 많다. 아이폰이 출시될 때도 부정적인 반응이 많았다. 사람들이 새로운 것을 부정적으로 생각하는 이유는 실패하는 경우가 더 많기 때문이다. 뭐든지 시도하면 90퍼센트는 실패한다. 본인이 10퍼센트에 속할 수 있을지 잘 판단해야 한다. 혹은 90퍼센트에 속해도 좋으니 10번을 시도하겠다고 생각할 수도 있다. 나는 두 가지 모두였다. 일반적인 사람이 새로운 것을 시도하면 95퍼센트 실패하고, 아주 잘하는 사람도 80퍼센트는 실패한다는 점을 대부분 생각하지 못한다. 이런 사실을 20년 동안 치열하게 고민하고 관찰하면서 알게 됐다. 대부분의 사람들이 모르는 이유는 젊어서이거나, 그만큼 치열하게 고민하지 않아서다. 아이폰이 출시될 때, 이게 잘될지 정말 치열하게 고민해 본 사람은 시간이 지나고 나서 간단히 '잘될 줄 알았어'라고 합리화할 수 없다.

시장의 성장 가능성

나는 확실하게 믿는데 남들은 믿어 주지 않는 시장이 진짜 큰 시장이다. 그래서 망하거나, 잘되거나 둘 중 하나다. 남들도 다 알면 이미 끝난 것이다. 나는 이게 엄청 클 거라고 믿고, 그걸 믿어 주는 투자자가 있고, 대부분의 사람들은 믿어 주지 않는 것이 좋은 시장이다.

　　브루를 만들 때 '이 정도 음성 인식으로 사용자들이 좋아할까?' 하는 의문이 있었다. 배경 음악이 깔려 있거나, 시끄럽거나, 사투리를 사용하면 잘 인식되지 않는 70점 정도의 음성 인식에 사람들이 정말 만족할까 반신반의했다. 그런데 사용자들은 그 정도로도 정말 만족하고, 시간을 많이 아끼고 있다며 고마워했다. 우리가 반신반의했던 게 통한 거다. 그럴 때 해야 한다. 모두가 '음성 인식이 잘되니까 영상 편집에 사용해야겠다'고 생각할 때는 이미 늦은 것이다.

스타트업에 가장 중요한 것

사용자다. 디자인도, 개발도 결국 사용자를 위한 것이다. 사용자가 없으면 제품도, 회사도 없다. 아주 단순한 원리지만 실천하는 사람은 정말 드물다. 그것만 해도 반은 성공할 수 있다. 사용자를 찾아가고, 이야기를 잘 들어야 한다. 브루는 서비스 오픈 때부터 메일로 피드백을 보낼 수 있는 버튼이 있었다. 앱을 만들면 거기에 전화번호를 넣고 싶은 심정이다. 대부분의 사람들은 피드백 버튼을 넣을 때 걱정부터 한다. 이런저런 피드백이 오면 어떻게 대응할지 말이다. 첫 화면에 피드백 버튼이 있다고 피드백이 많이 올 거라는 생각은 착각이다. 열 명 중 한 명이라도 피드백을 주면 감사한 거고, 그 사람을 찾아가서 커피라도 사 주면서 정말 하고 싶은 말이 무엇인지 들어야 한다. 그래야 '내가 잘못 생각하고 있었구나', '아직 멀었구나' 하는 걸 알게 된다.

째깍악어 김희정 대표 ; 수요가 확실한 시장의 문제 해결

째깍악어는 2016년 서비스를 시작한 시간제 어린이 돌봄 매칭 플랫폼이다. 돌봄이 필요한 부모와 돌봄 교사를 앱을 통해 연결한다. 사용자들은 필요한 시간에 필요한 만큼 돌봄 서비스를 받을 수 있다. 째깍악어는 가정으로 돌봄 교사를 부르는 데 그치지 않고 오프라인 놀이 돌봄 공간인 째깍섬을 오픈하고, 온라인 라이브 키즈 클래스인 째깍박스까지 출시했다. 김희정 대표에게 창업 아이디어를 발전시킨 과정을 들었다.

창업 아이디어

해보고 싶은 게 많고, 내가 잘할 수 있는 것을 하면서 인정받길 원하고, 내가 나로 살 수 있기를 바라는 대한민국의 평범한 여성이 결혼을 하고 엄마가 되면서 겪게 되는 일들이 나에게도 찾아왔다. 내일 태풍이 온다고 갑자기 유치원이 휴원하는데 나와 남편 모두 출근해야 한다거나, 내일까지 우리 팀이 마쳐야 하는 일이 생겼는데 아이를 데리러 갈 시간은 다가오는 상황 말이다. 누구보다 팀에 도움이 되고 싶었고, 아이가 필요로 할 때는 항상 준비된 엄마가 되고 싶었는데, 엄마와 김희정 둘 중의 하나를 선택해야 하는 순간이 잦아졌다. 돌봄 시장은 항상 수요가 발생하는 시장인데 그동안 별다른 해결책이 없었다. 주변에 수소문해서 도움을 동냥해야 했고, 맘 카페에는 하루가 멀다 하고 이모님을 소개해 달라는 글이 올라왔다. 얼굴 한 번 못 본 맘 카페 회원이 추천하는 이모님이 믿을 만한 분일까, 우리 아이랑 잘 안 맞으면 어쩌나 하는 걱정이 있을 수밖에 없다. 미국에서 낯선 사람을 집에 들이는 에어비앤비 서비스가 성공하고, 앱으로 심부름해 줄 사람을 찾는 태스크래빗TaskRabbit에 소비자들이 열광하는 모습을 보고 지인의 추천보다 더 신뢰할 수 있는 돌봄 교사 매칭 서비스를 할 수 있겠다고 생각했다.

미션

째깍악어는 '육아에 도움이 필요할 때 언제 어디서나 해결하는 서비스'다. '육아', '도움', '언제 어디서나', '해결'을 각각 정의했다. '육아'는 만 1세에서 초등학생까지의 아이를 양육하는 과정이다. 째깍악어가 제공하는 '도움'은 일차적으로는 아이를 맡기거나 돌보는 일을 돕는 것이다. 악어선생님이 보육, 놀이, 등·하원, 학습 지도 등을 한다. 이차적으로 육아에 필요한 정서적 지원과 지지, 육아 방법, 놀이 방법 등도 지원한다. '언제 어디서나'를 위해 가정 외에도 학교, 유치원, 직장, 세미나 장소, 키즈 카페, 상업 시설 등 도움이 필요한 장소에 방문해 365일 아침 7시에서 저녁 11시까지 서비스를 제공한다. 아이와 양육자가 받은 도움을 통해 삶의 질을 유지하거나 개선하는 것이 '해결'이다.

타깃 사용자

모든 육아 가정이다. 주 양육자가 있고 유치원, 학교 같은 주양육 시설이 있어도 육아 도움은 언제나 필요하다. 아이를 돌보는 엄마도 아픈 날이 있고, 유치원도 4시면 끝난다. 부모가 퇴근하고 집에 오는 7시까지 몇 시간만 아이를 봐줄 사람이 있으면 좋겠다는 생각, 아이 없이 한 시간이라도 마음 편히 외출해 보고 싶다는 생각을 육아 가정이라면 누구나 할 것이다.

이들에게 서비스를 제공하고자 한다. 기업 역시 임직원 자녀 돌봄을 위해 째깍악어와 협업하고 있다.

사용자의 피드백

돌봄 시장은 수요가 이미 있는 시장이다. 어떤 서비스를 어떻게 공급할지가 중요했다. 공급자인 돌봄 교사를 깐깐하게 검증하고 교육해야 했고, 이들을 어떻게 관리하고 대우할지에 집중했다. 그래서 부모님의 피드백만큼이나 돌봄 교사의 피드백에 많은 신경을 썼다. 그들이 일할 만한 일터가 되어야 좋은 교사를 모집하고 유지할 수 있고, 그래야만 서비스를 지속할 수 있다.

우리는 숙련되고 실력이 좋은 돌봄 교사에게 '슈퍼악어'라는 등급을 부여한다. 그렇게 어렵게 양성한 슈퍼악어 선생님이 부모님으로부터 심한 말을 듣고 자신감을 상실했다는 피드백을 받은 적이 있다. 그 후 상호 존중 캠페인을 시작했다. 부모가 서비스 이용 후 교사에게 리뷰를 남기듯이 교사도 가정에 방문한 후 리뷰를 남길 수 있게 했다. 매너가 좋지 않은 부모는 돌봄 교사와 매칭되기 어렵다. 상호 평가를 도입하자 선생님들이 고마워했다. 자신들의 이야기에 귀를 기울여 주는 것만으로 좋은 일터라고 생각하게 되었고, 서비스 수혜자인 부모님만큼이나 이 서비스가 유지되어서 계속 일할 수 있기를 바라기 시작했다.

어려움

모든 일은 사람이 하는 것이다. 좋은 팀을 만드는 일이 가장 중요하다고 생각한다. 좋은 팀을 구성해야 한다는 생각은 사업 초기부터 했지만, 목표와 현실은 많이 달랐다. 훌륭한 동료와 일하는 가장 좋은 방법은 훌륭한 동료를 뽑는 것이다. 하지만 초기 스타트업이 인재를 영입하기란 불가능에 가까웠다. 큰 조직에서 오래 일했던 터라 인재에 대한 기대가 높았지만, 당시로서는 째깍악어에 지원해 주는 것만으로도 고마웠던 데다, 지금 아니면 사람을 못 찾을지도 모른다는 불안 때문에 누군가 관심을 보이면 없던 자리를 만들어서까지 채용하기도 했다.

시드 투자를 유치하고 나서는 해볼 수 있는 게 많아졌다. 점점 해야 할 일이 많아지고 요구되는 것이 다양해지는데, 우리의 속도가 조직이 성장하는 속도를 따라가지 못하더라. 계획 없이 타협하며 구성했던 조직이 흔들리는 걸 느꼈다. 나름대로 주간 미팅, 입사 3개월 미팅, KPI 중간 리뷰 등 회사의 기대와 개인의 요구 사항 등을 주기적으로 소통하고 지원하며 리드했지만, 결국 남지 못하는 자와 남는 자가 생기게 되면서 성장통을 겪었다. 그 과정을 통해 우리는 우리 조직에 맞는 인재상을 더 구체적으로 알게 되었다. 지금은 채용 과정에서 우리에 대해 솔직하게 이야기하고 기대하는 바도 명확히 알리고 있다. 서로 잘못된 선택을 하지 않도록 말이다. 지금은 최고의 동료를 찾아 함께 일할 수 있게 하는 것이 회사가 할 수 있는 최고의 복지라는 생각으로 조직을 운영한다.

시장의 가능성 발견

투자자를 만나면서 출생아 수가 줄고 있는데 이 시장도 줄지 않겠냐는 우려의 목소리를 들었다. 유아 관련 시장의 성장 가능성이 없지 않냐는 시각도 있다. 하지만 나는 플랫폼의 성숙도, 부모의 양육 방식 변화, 그리고 보육이 창출해 내는 부가가치 등 세 가지 측면에서 가능성을 봤다. 보육 시장은 오랜 기간 확고한 수요가 있는데도 플랫폼의 부재로 공급자와 소비자의 소통이 제한적인 구조였다. 작은 규모의 직업소개소, 지인 추천 같은 방식, 사용자와 공급자 사이의 현금 거래로 음성화되어 있었다. 시장의 이런 문제를 기술과 규모를 바탕으로 풀어내고 있는 서비스가 없었다. 따라서 새로운 형태의 서비스가 거부감 없이 받아들여진다는 것만 검증되면 매우 유의미한 사업을 할 수 있을 거라고 자신했다. 자체 개발한 돌봄 매칭 플랫폼으로 이동 시간만 허락한다면 돌봄이 필요한 부모와 교사를 즉시 매칭할 수 있는 수준까지 기술과 운영 디테일을 끌어올렸다.

우리는 얼마나 많은 아이가 태어나느냐가 아니라, 어떻게 아이를 키우느냐에 집중했다. 부모가 모든 시간을 아이에게 쏟는 세상에서 믿을 수 있는 사람에게 아이를 맡기는 세상으로 바뀌어 가고 있다. 성행하고 있는 키즈 카페나 놀이 학교, 사립 유치원 등이 그 증거다. 신뢰만 할 수 있다면 소비 금액은 더 커질 것이다. 유아 관련 시장이 여전히 크고 있는 이유다. 째깍악어는 기본이 되는 온디맨드on-demand 보육 서비스에서 시작해 부가 가치를 만들 수 있는 영역으로 확장을 시도하고 있다. 돌봄 교사 검증과 온디맨드 서비스라는 핵심 역량을 바탕으로 공간 사업과 콘텐츠 사업 등 다양한 기업 제휴를 통해 기존에 없던 서비스 모델을 만들려 한다. 궁극적으로는 돌봄 사각지대를 없애고 싶다.

아파트멘터리 윤소연 대표 ; 혁신과 운영의 DNA

아파트멘터리는 정가제 리모델링 서비스 '파이브'를 제공하는 스타트업이다. 가구와 소품 커머스 사업도 하고 있다. 가구 PB 상품을 출시하기도 했다. 소프트뱅크벤처스와 삼성벤처투자로부터 30억 원 규모의 투자를 유치했다. 윤소연 대표의 이야기를 들었다.

창업 계기

회사를 다니다가 집을 마련했는데, 고치려고 보니까 마땅한 업체가 없었다. 집을 고치는 것은 소비자 입장에서 굉장히 큰 소비다. 그런데 1년 내내 찾아도 소비자 입장에서 인테리어를 맡기고 싶은 업체가 없었다. 결국 셀프 인테리어로 집을 고쳤고, 이 이야기를 책으로 쓰게 되었다. 2015년에 출간했는데 당시만 하더라도 관련 정보가 많지 않아서 베스트셀러가 됐다. 셀프 인테리어에 관한 책인데도 불구하고 "이렇게 직접 하기는 힘들 것 같고, 셀프로 하는 것보다 비싸더라도 합리적인 과정이 있는 서비스가 있으면 좋겠다"라는 반응이 많았다. 집을 수리하고자 하는 니즈가 늘고 있다는 것도 소비자로서 체감했다. 제대로 만들기만 하면 승산이 있겠다고 생각했다.

서비스 아이디어

1년 된 집부터 40년 된 집까지 모든 아파트에 대해 모듈화된 서비스를 만들겠다는 취지로 아파트멘터리를 시작했다. 모든 시공에 정해진 가격이 있어서, 리모델링 전체가 정가로 진행되면 좋겠다는 생각이었다. 그런데 실제로 실행하다 보니 현장 상황이 정말 다양해서 표준가를 정하기가 어려웠다. 같은 1000만 원이라도 40년 된 아파트엔 모자라고, 1년 된 아파트에는 굳이 그렇게 많은 돈을 사용할 필요가 없었다. 그래서 초기에 고객 입장에서는 정가제였지만, 우리 입장에서는 아니었다. 마이너스가 나도 우리가 감수했다. 가령 모든 아파트의 도배 가격을 200만 원으로 책정했다면, 원가가 10년 된 아파트는 150만 원, 20년 된 아파트는 230만 원인 식이라 마이너스가 많았다. 100개의 집을 고치면서 연식별 비용 차이를 알게 되었고, 정말 정가제를 구현할 수 있을지 치열한 토론을 거쳐 '파이브' 서비스를 만들었다. 15년 이하의 아파트는 도배, 조명, 바닥, 커튼, 필름 등 다섯 가지만 고쳐도 충분히 예쁘다고 생각했고, 고객들이 조립하듯이 정가로 살 수 있게 만들어 냈다. 다섯 가지에 다른 요소들을 추가해서 더 넓은 범위의 리모델링을 정가로 계약할 수 있는 서비스를 지향하고 있다.

미션

'공간이 삶을 더 아름답게 바꾼다Space Betters Life'가 미션이다. 한편 실제로 해보니까 공간을 바꾸는 것은 경제적으로 중산층 이상의 고객을 타깃으로 하는 서비스였다. 이용하려면 수도권에 집이 있어야 하고, 집을 고칠 목돈도 있어야 하는 하이엔드 서비스다. 그런데 우리의 지향점은 집의 공간을 바꿔서 즐거움을 느끼도록 하는 것이다. 앞으로는 비즈니스를 확장해 고객들이 소품, 가구 구매를 통해 행복해질 수 있도록 하는 것이 목표다.

타깃 사용자

우리가 생각하는 고객의 페르소나는 30~40대 맞벌이 부부다. 신혼부부보다는 맞벌이 4~5년 차가 되어 집을 마련했을 때쯤의 고객이다. 실제로도 그런 분들이 많이 이용한다. 30~40대 아파트 매매 고객이 시장에 많이 존재하는데, 리모델링 시장은 40~50대를 타깃으로 만들어져 있었다. 새로운 세대를 위한 새로운 서비스가 필요하다고 생각했다. 맞벌이로 열심히 번 소중한 돈을 합리적인 이유와 가치가 있는 곳에 쓰고 싶어 하는 사람들을 타깃으로 한다. 리모델링은 서울, 경기권만 하고 있는데, PB 상품을 론칭하고 나서는 고객이 전국 단위로, 전세 거주자로 확장됐다.

초기 사용자의 피드백

처음에는 디자인이 중요하다고 생각했다. 모듈화를 할 때도 모던 스타일, 클래식 스타일 등으로 나누는 것을 생각했는데, 고객들은 생각보다 꼼꼼한 마감을 더 중시하더라. 그래서 우리가 강화해야 할 역량은 디자인보다는 현장의 마감 완성도였다. 깔끔하게 마무리된 도배, 평평하게 깔린 마루 같은 부분이 거주하면서 만족도가 높아지는 요인이다. 디자인도 중요하지만, 우리가 특별히 더 신경 써야 하는 요소는 아니었다. 우리 구성원들이 기존 업체보다 젊기 때문에 특별히 더 공부하지 않아도 앞설 수 있기도 했다. 그래서 그때부터는 현장 경험이 많은 분들을 채용하는 등의 전략으로 마감에 더 주의를 기울이게 됐다.

고객 입장에서 기존 인테리어 업체에 비해 젊은 30대 초반의 매니저가 너무 어리다고 생각하지 않을까 하는 걱정이 있었다. 그래서 다양한 나이대의 매니저들을 현장에 배치해 봤는데, 오히려 젊은 매니저가 감각적으로 집을 고쳐 주는 것에 메리트를 느끼는 고객이 많았다. 그때부터 젊은 매니저를 전면에 내세우고, 현장 소장은 연륜과 경험을 갖춘 분들로 구성하게 됐다.

어려움

혁신을 만드는 DNA와 운영을 생각하는 DNA를 함께 가져가는 일이 쉽지 않다. 혁신과 미래를 생각하는 사람은 실무의 어려움을 생각하지 못하고, 실무를 하는 사람은 실무상의 문제점을 완벽하게 해결해야만 앞으로 나갈 수 있다고 생각한다. 나는 소비자 입장에서 좋은 형태를 빨리 구현하고 싶은데, 현장에서 일하는 사람 입장에서는 완벽하지 못하면 시작하지 않는 것만 못하다고 생각할 수 있다. 이 밸런스를 맞추면서 서비스를 개선해 가는 것이 가장 어려웠다. 우리는 대면 서비스이기 때문에 IT 기업과는 다르다. 고객을 직접 상대하는 사람들의 태도나 이해도가 중요하다. 이들이 빠른 혁신에 반감을 가지면 고객에게도 나타날 수밖에 없다. 그래서 구성원과의 커뮤니케이션을 중요하게 생각한다. 매니저들이 주 2회 토론하는 이유다. 당장은 비효율적일 수 있지만, 점점 나아지고 있는 것을 느낀다.

예상과 다른 점

아파트멘터리는 이제 6년 차다. 스타트업을 시작하고 3년이면 모든 걸 다 만들 수 있을 것 같았다. 망하는 스타트업은 3년 안에 망하고, 잘되는 스타트업은 5년은 되어야 잘된다고 할 수 있다는 말이 있다. 요즘 공감하고 있다. 3년은 짧은 시간이다. 아무것도 없는 데에서 시작해 3년 안에 무언가를 해내는 일이 쉽지 않다. 하다못해 이메일 뒤에 회사 주소가 들어가는 것도 계정을 사고 돈을 내야 하는 일이다. 큰 회사에 있을 땐 처리할 필요가 없던 일들을 챙기는 시간도 무시할 수 없다.

시장 가능성 발견

스무 살 때 서울의 학교로 진학하면서 부동산에 자연스레 관심을 가졌다. 서울은 아파트로 포화 상태이고, 낡은 아파트를 고치려는 사람이 늘어나는 것은 너무나 당연한 일이라고 생각했다. 창업하기 전에 방송국에서 9년 동안 편성 PD로 일했다.

대중의 선호를 분석해 프로그램에 반영하는 일이다. 사람들의 관심사가 의식주 순서로 이동한다는 이야기가 있다. TV 프로그램도 〈도전! 수퍼모델 코리아〉 같은 프로그램이 인기를 얻은 후, '먹방'이 떴다. 앞으로 주거와 관련된 프로그램이 뜰 거라는 생각이 있었다. 실제로 최근에 〈구해 줘! 홈즈〉 같은 프로그램이 방영되고 있지 않나. 우리나라 국민 소득이 3만 달러를 넘었는데, 선진국에서는 3만 달러가 넘으면 리빙 시장이 성장한다. 아직은 국내 리빙 분야에서 특별히 떠오르는 브랜드가 없다고 생각했다. 오래된 브랜드는 있지만, 후발 주자가 없다. 시장 가능성은 특별한 발명품이 아니다. 아직 한국에 마땅한 기업이 없는 분야를 찾았다.

창업을 생각하는 사람들에게

아이디어가 있다면, 우선 아이디어를 함께 현실화시킬 팀원이 필요하다. 그다음에는 본인의 아이디어를 팀원에게 설득하는 커뮤니케이션 능력이 필요하다. 내가 가진 비전이나 회사의 가치를 같이 키워 줄 사람들이 필수적인데, 회사가 성장하는 과정에서 팀원들도 방향을 잃어버릴 때가 있다. 우리가 왜 이 일을 시작했고, 어떻게 세상을 바꾸고 싶은지 팀원들과 끊임없이 커뮤니케이션해야 한다.

　나 역시 최근에는 구성원과의 커뮤니케이션을 위해 일

대일 면담을 하고 있다. 주요 멤버와는 2~3개월에 한 번, 새로 온 분들과는 반기에 한 번씩 두 시간 정도 서로의 생각을 공유한다. 현재 팀 규모가 24명인데, 10명일 때까지는 전체가 한 무리가 될 수 있어서 누군가를 거쳐서 말할 필요도 없고, 도리어 공식적으로 무언가를 말하는 것이 어색했다. 공과 사구분도 크게 없이 동아리처럼 재미있게 일했고, 그렇게 하는 게 스타트업의 재미라고 생각했다. 하지만 20명이 넘어가면서 정말 회사로서 운영해야겠다는 생각이 들기 시작했다. 더 많이 생각하고, 더 조심스럽게 말해야겠다고 생각한다. 두 가지 채널로 커뮤니케이션을 하는 것도 중요하다. 공식적인 면담과 함께 사적으로도 대화하는 것이다.

밸런스히어로 이철원 대표 ; 하위 시장의 문제를 해결하는 자가 미개척 시장을 독점한다

밸런스히어로는 인도에서 모바일 잔액 확인, 결제 및 데이터 관리 앱 '트루밸런스'를 제공하며 핀테크 서비스로 발전시킨 한국 스타트업이다. 2014년 트루밸런스를 출시했고, 2019년 송금, 대출, 보험 판매 등 서비스를 추가하면서 핀테크 사업으로 전환했다. 트루밸런스는 8000만 건 이상의 앱 다운로드 수를 기록했다. 시리즈 D 추가 투자 300억 원을 포함해 누적 1000억 원의 투자를 유치한 밸런스히어로의 이철원 대표를 만났다.

창업 계기

15년 이상 아시아 지역에서 컬러링, 벨소리 등 부가 통신 서비스 비즈니스를 했다. 그러던 중 인도의 스마트폰 사용자들이 통신비 잔액을 확인하는 데 불편을 겪는 것을 알게 됐다. 인도에서는 모바일 사용자의 90퍼센트가 선불 요금제를 쓰고, 데이터를 소량으로 충전하기 때문에 잔액을 자주 확인한다. 마침 인도에서 스마트폰 시장이 급속도로 성장하고 있어 사업성이 충분했다. 간편한 유틸리티 기능이었던 잔액 확인, 데이터 잔량 표시 등의 서비스로 시작해 모두를 위한 금융 서비스로 넓혀 가기로 했다.

인도에서 사업을 하며 인도만큼 잠재력이 무궁무진하고 규모가 큰 시장이 없다는 것을 깨달았다. 중국의 인구 규모를 거의 따라잡았고, 소비력 강한 중산층이 폭발적으로 성장하고 있다. 초기 시장인 동시에 거대 시장인 데다, 2021년 경제 성장률 전망치는 11.5퍼센트에 달한다. 인도인은 외국 서비스에 대한 거부감도 적다. 공식 언어로 영어를 채택해 다른 아시아 국가들에 비해 언어 장벽이 낮고, 아시아에서 가장 거대한 민주주의 국가인 만큼 자정 능력도 뛰어나다. 바탕이 잘 깔려 있기에, 서비스만 좋으면 성공은 보장된다.

미션

'핀테크로 인도인의 경제적 삶을 송두리째 바꾸는 것'이 우리 미션이다. 은행 계좌조차 없는 인도의 금융 소외 계층은 10억 명에 달한다. 스마트폰이 있어도 계좌나 신용 정보가 없어 디지털 거래를 이용할 수 없다. 이들에게 생활 자금 소액 대출, 이커머스, 핸드폰 할부 판매, 보험, 송금 등의 서비스를 제공하는 금융 플랫폼이 되고자 한다. 인도를 이해하는 중요한 키워드는 '가난'이다. 이 문제를 인지하고 금융 기술의 혜택을 못 받는 이들을 위해 전략을 짰다. 금융이 아닌 유틸리티 서비스로 시작한 이유도 계좌가 없는 사람들까지 포섭하기 위해서다. 한국에서는 이미 일상이 된 금융 서비스 혜택을 인도의 저소득층도 누릴 수 있도록 돕는 '히어로'가 되는 것이 목표다.

타깃 사용자

10억 명의 금융 소외 계층이다. 선진국들이 겪고 있는 모바일 금융 혁신을 그들도 경험하고, 생활 편익을 누릴 수 있게 하고 싶다. 금융 소외 계층을 공략하는 일은 비즈니스 측면에서도 중요하다. 인도에 진출한 거대 플랫폼 기업의 핀테크 서비스들은 이들을 서비스 대상으로 여기지 않는다. 상위 시장을 먼저 공략하고 하위 시장은 후일을 기약하겠다는 전략이다. 하지만 우리는 반대로 하위 시장을 장악하는 기업이 상위 시장도 장악한다고 본다. 하위 시장의 문제를 지금 해결하면, 미개척 시장을 독점할 수 있다. 금융 소외 계층은 핀테크 서비스의 편리함을 가장 드라마틱하게 느낄 수 있고, 소액 대출에 대한 니즈가 강하다는 점에서도 최고의 고객이다. 상류층은 이미 신용 카드, 인터넷 뱅킹 등 레거시 금융 서비스의 혜택을 누리고 있었기에 핀테크 서비스에 대한 니즈나 호응이 크지 않다. 타깃 사용자들의 열렬한 반응이 우리를 빠르게 성장시킨 동력 중 하나다.

초기 사용자 피드백

트루밸런스 애플리케이션 사용자들의 문의와 불만, 칭찬 등 코멘트를 일일이 수집하고 기록해 서비스를 개선할 때마다 적극 반영한다. 사용자 로그 수집, 데이터 분석에도 심혈을 기울인다. 데이터는 진실하다. 사용자 리서치로는 파악하기 어려운 선의의 거짓말 같은 오류도 걸러 낼 수 있다. 서비스 만족도를 높이고 품질을 유지하는 데 큰 도움이 됐다. 트루밸런스는 인도 구글 플레이 스토어에서 평점 4.5~5점을 꾸준히 유지한다. 인도에서 톱 랭킹에 드는 애플리케이션들도 달성, 유지하기 어려운 점수다. 인도 시장에서는 평판과 입소문이 특히 중요하다. 인도 사회는 여전히 혈연, 지연 커뮤니티 중심으로 굴러간다. 스마트폰 열풍이 불고 있는 만큼 별것 아닌 애플리케이션도 서로 열정적으로 추천한다. 사람에서 사람으로 전파되는 소개 마케팅, 입소문 마케팅을 적극적으로 활용해야 한다.

어려움

2016년 말 나렌드라 모디 정부가 현금 사회 부패와 검은 돈의 근절을 위해 갑작스러운 화폐 개혁을 단행했다. 당시 밸런스 히어로가 준비하고 있던 서비스 출시, 기획 등을 예상보다 앞당겨야 했다. 이때 '디지털 에이전트'라는 새로운 전략을 짰다. 각 지역에 모바일 결제가 가능한 인력을 배치해, 송금이나 통신비 잔액 충전이 필요한 이들의 거래를 대행해 주는 것이다. 고육지책으로 마련한 서비스가 점점 확대되었고, 현재 우리 브랜드의 핵심 전략이 되었다. 해외 비즈니스는 갑작스러운 시장 상황 변화에 맞춰 기존의 전략과 계획을 발 빠르게 수정하는 것이 중요하다. 인도는 세계에서 가장 빠르게 발전하고 있는 시장인 만큼 정책, 제도, 시스템 등이 수시로 개편된다. 상황 변화에 따른 신속한 대처를 위해 항상 언론 동향을 살피고, 정부 관계 부처와 네트워크를 구축하고 유지하는 것이 중요하다.

시장 규모와 성장 가능성

인도는 모디 정부가 들어선 이후에 주민등록증과 비슷한 국민 식별 카드인 '아다르Aadhaar'를 마련하는 등 혁신을 시도하고 있다. 특히 스타트업, IT 산업 육성 정책인 '디지털 인디아' 캠페인을 핵심 정책으로 내세우며 디지털 거래를 촉진하고 현금 없는 사회를 만드는 데 힘을 쏟고 있다. 인도는 스마트폰 관련 시장이 가장 빠르게 성장하는 나라다. 스마트폰 신규 가입자가 매월 1000만 명에 달한다. 인도 인구의 평균 연령이 28세다. 그만큼 성장 가능성도 크다. 글로벌 공룡 기업인 아마존과 구글이 인도에 진출하려고 기를 쓰는 것도 이 때문이다. 그들도 인도가 글로벌 비즈니스 진출의 마지막 남은 교두보라고 보는 것이다. 이런 관점에서 인도는 시장의 크기는 물론이고 동력 또한 가장 큰 시장이라고 생각한다.

방향 전환의 기술

유튜브, 인스타그램, 트위터의 공통점은 무엇일까? 바로 사업 초기에 구상했던 모델이 아닌, 새로운 비즈니스로 방향을 전환하는 피벗pivot으로 성공을 거둔 스타트업이라는 점이다. 유튜브는 데이팅 사이트로 기획됐다가 동영상 공유 사업으로 방향을 바꿨다. 인스타그램 창업자들은 컴퓨터 프로그램을 배우는 사이트를 론칭했다가 이미지 플랫폼으로 전환했다. 트위터 창업자들도 팟캐스트 사이트를 먼저 시작했다가 메시지 공유 서비스로 피벗하면서 성공했다.

《린 스타트업》의 저자 에릭 리스Eric Ries는 피벗을 제품, 전략, 성장 엔진에 대한 가설을 실험하기 위해 구조적으로 경로를 수정하는 것이라고 정의한다. 그리고 남아 있는 방향 전환의 횟수를 스타트업의 생존 기간으로 규정한다. 투입할 수 있는 자금과 시간이 아니라 방향 전환을 통한 실험과 학습의 가능성이 스타트업의 생존을 좌우한다는 것이다.

성공적인 피벗으로 위기를 극복하고 성장의 속도를 높인 스타트업들을 만났다. 변호사 검색 서비스에서 전자 계약 서비스로 전환한 모두싸인, 웨어러블 디바이스 기업에서 블록체인 기반의 디지털 금융 서비스로 확장한 직토, 소셜 광고 플랫폼에서 오프라인 매장 관리 서비스로 피벗한 채널코퍼레이션까지 사업의 방향을 전환하고 새로운 가설을 증명해 낸 스타트업 창업자를 만나 피벗의 전략과 과정을 물었다.

모두싸인 이영준 대표 ; 방향 전환의 축은 타깃 고객이다

이영준 대표는 2015년 변호사 검색 서비스 '인투로'를 창업했다. 수익 모델에서 한계를 느껴 템플릿 기반 계약서 제작 서비스로 전환한 뒤, 2016년부터 전자 계약 체결·관리 서비스 모두싸인을 운영하고 있다. 현재까지 모두싸인의 누적 이용자는 108만여 명으로, 누적 서명 및 문서는 540만 건이 넘는다.

피벗의 계기

대학생 때 애플리케이션 개발 동아리에서 만든 변호사 검색 서비스 인투로로 처음 창업했다. 법학을 전공하다 보니 지인들이 변호사 소개를 부탁하는 경우가 많았는데, 내가 아는 변호사가 지인의 사건을 가장 잘 해결해 줄 수 있을지 의문이 들었다. 아픈 부위에 따라 다른 병원을 찾듯 의뢰인이 자신에게 필요한 변호사를 찾을 수 있는 서비스를 만들고 싶었다. 하지만 인투로는 수익 모델로 기능하기에는 부족했다. 시장성을 이유로 템플릿 기반 계약서 제작 서비스 오키도키를 론칭했고, 그 과정에서 발견한 고객 니즈를 바탕으로 전자 계약 체결·관리 서비스 모두싸인으로 피벗했다. 현재는 모두싸인 서비스에 집중하고 있다.

문제의 발견

인투로는 수익 모델이 튼튼하지 않았다. 변호사가 아닌 주체가 법률적인 이슈로 의뢰인에게 돈을 받으면 변호사법 위반이다. 로펌으로부터 수수료를 받거나 광고를 노출하는 것이 유일한 수익 모델이었다. 하지만 시장의 규모도 작고, 로펌이 포털 광고 대신 우리 서비스를 선택할 유인도 적었다. 장기적으로 회사를 먹여 살릴 만큼 큰 매출이 나오기 힘들었다. 그러던 중 소액 민사 사건의 대부분이 계약서에서 출발한다는 사실을 알게 됐다. 계약서를 분실, 훼손하거나 아예 작성하지 않은 경우가 많았다. 의뢰인들에게 계약서를 쓰지 않은 이유를 물으면 "직접 쓰기는 어렵고, 변호사에게 맡기자니 너무 비쌀 것 같아서"라고 답했다. 무엇보다 작성과 보관이 귀찮고 번거롭다는 문제가 가장 컸다. 일반인이 간편하게 계약서를 만들 수 있도록 템플릿을 기반으로 계약서를 제작해 주는 애플리케이션을 개발했다. 질문에 답하면 계약서가 자동으로 완성되는 서비스 오키도키가 그렇게 탄생했다.

오키도키를 운영한 지 3개월 만에 이상한 현상을 발견했다. 고객의 상당수가 우리가 제공한 템플릿이 아닌, 자체적으로 만든 계약서를 사용하고 있었다. 고객이 우리 서비스에 완전히 만족하지 못한다는 뜻이었다. 서비스의 자유도가 낮아지면 고객은 줄어든다. 그럼에도 그들이 우리 서비스를 사용하는 이유를 알아보니, 결국 비대면으로 계약을 체결하고 관리할 수 있다는 포인트가 있었다. 계약서 제작이 아닌, 전자 계약을 편리하게 체결하고 관리하는 데 방점을 찍어야 했다. 한글, 워드로 제작한 계약서 파일을 온라인에 업로드해 계약을 체결할 수 있도록 서비스 방향을 바꾸자 사용자가 빠르게 늘어났다.

방향 전환의 어려움

앞서 실패를 겪고 나니, 고객들이 정말 모두싸인과 같은 서비스를 원할지 의구심이 들었다. 불안을 디폴트로 두고, 서비스의 본질에서 벗어나지 않도록 중심을 잡아야 했다. 유혹도 많았다. 개발력이 있는 스타트업은 SISystem Integration 제안이 많이 들어온다. 특정 회사만을 위한 별도의 솔루션을 개발해 달라는 것이다. 클라우드에 데이터를 저장·관리하는 사스SaaS 서비스를 운영하는 기업이라면 모두 겪는 일이다. 소프트웨어를 만드는 회사로서 연구 개발R&D 지원 사업도 불가피하다. 하지만 스타트업에 제일 중요한 것은 시간이다. 지원 사업, 대기업 제안을 모두 거절하고도 원하는 개발 속도가 나오지 않아 고생하고, 많은 시행착오를 겪었다. 본질에 집중하지 않았으면 정말 아무것도 이루지 못했을 것이다.

방향 전환의 축

문제 정의도 중요하지만, 해결책을 잘 정의하고 빠르게 검증하는 것이 중요하다. 모두싸인은 고객 타기팅을 날카롭게 했다. 종이 계약에 익숙한 사람들을 설득하기보다, 비대면 계약에 충분히 갈증을 느끼고 있었던 사람들부터 공략했다. 모두싸인을 가장 잘 사용할 수 있는 고객이 누군지 고민하던 중, 문서 서식을 제공하는 한 기업이 무료로 도장 이미지를 제작해 주고 있는 것을 발견했다. 이름을 입력하면 디자이너가 수작업으로 이미지를 만드는 식이었는데, 많을 때는 하루에 문의가 1000개씩 들어온다고 했다. 도장을 전자화해 날인하는 사람들이라면 전자 계약에 거부감을 덜 느낄 것 같았다. 등기 우편이나 퀵을 통해 비대면 계약을 체결해 온 사람들도 고객으로 흡수했다. 이전보다 편리하게 계약서에 사인하거나 도장을 찍게 하는 데서 출발해, 비대면 전자 계약에 대한 니즈가 존재한다는 사실을 검증한 후 계약서를 상대방과 공유할 수 있는 서비스로 확장했다.

고객을 이해하는 방법

인투로는 애플리케이션에 오픈 채팅 기능이 있었다. 고객이 원하는 변호사를 검색하기 힘들 때 운영진이 직접 응대할 수 있도록 열어 둔 창구다. 변호사와 고객들이 오픈 채팅으로 문의한 내용들 덕분에 고객 니즈를 즉각적으로 파악하고, 필요한 서비스를 구상할 수 있었다. 하지만 결국 서비스에 대한 반응은 세상에 내놓아야만 알 수 있다. 인투로와 모두싸인은 가입자 수가 어마어마하게 차이가 났다. 인투로 애플리케이션 다운로드 수보다 모두싸인 가입자 수가 네 배 이상 많았다. 서비스를 출시한 지 3개월 만에 가입자가 1만 명을 돌파하는 것을 보면서, 고객들이 모두싸인과 같은 서비스를 원한다는 사실을 확인할 수 있었다.

피벗 이후의 변화

타깃 시장이 완전히 달라졌다. 초기에는 법률 시장의 문제를 해결하는 솔루션을 고민했지만, 지금 모두싸인의 타깃은 기업이다. 계약은 기업이 진행하는 모든 의사 결정의 종착지다. 얼마나 빠르고 안전하게 처리하느냐가 비즈니스의 관건이다. 대기업부터 고깃집까지 예외가 없다. 모두싸인은 네트워크 효과도 크다. 계약 상대방이 서비스의 효용을 느껴 사용자로 유입되는 비율이 높고, 계약서의 모든 데이터가 저장된다. 카카오가 메신저를 기반으로 사용자를 확보해 플랫폼 기업이 될 수 있었던 것처럼, 우리는 계약 행위를 통해 기업의 플랫폼이 되고자 한다. 계약으로 고객을 확보하고, 그들이 필요로 하는 솔루션을 제공할 계획이다. 단, 법과 관련한 키워드를 놓치지 않을 것이다. 모두싸인도 계약서를 잘 관리함으로써 법적인 문제를 예방

하는 측면이 있다. 법을 서비스의 근간으로 삼고 사람들이 안전하게 비즈니스 할 수 있도록 돕는 서비스를 시도할 것이다.

미션

"법과 관련한 문제를 IT 기술로 해결하자"에서 "계약이 모두에게 더 간편하고 안전할 수 있도록 바꾼다"로 좁혔다. 종이 계약과 같은 실물 형태 계약은 일과 글자가 만들어진 이래 몇 천 년 동안 변하지 않았다. 석탄에서 펜으로, 말馬에서 등기 우편으로 계약에 활용하는 수단이 바뀌었을 뿐이다. 이를 전자화한다는 것은 혁명에 가깝다. PC와 모바일을 넘어 증강 현실AR, 가상 현실VR 기술과 접목해 곧 허공에 서명하는 날이 올 것이다. 새로운 시대를 우리 손으로 연다는 희열이 있다.

직토 김경태 대표 ; 축적한 자산을 활용하라

2014년 설립된 직토는 걸음걸이 교정 스마트 밴드 '직토 워크'로 이름을 알린 후, 웨어러블 디바이스를 통해 수집한 데이터를 바탕으로 스마트한 보험 솔루션을 제공해 왔다. 2019년 11월 론칭한 '얼마야'로 AI 기반의 동산 담보 대출 서비스를 시작했다. 사용자가 맡길 물건을 촬영해서 업로드하면 AI의 자동 감정을 거쳐 대출을 받을 수 있다. 론칭 한 달 만에 누적 물품 등록 수 6500개를 돌파했다.

비즈니스 모델

초기 단계에서는 '머신 러닝으로 데이터를 가공하면 의미 있는 데이터가 나오지 않을까'라는 다소 추상적인 생각만 있었다. 웨어러블 기기를 통해 수집한 다양한 데이터를 머신 러닝을 통해 분석하면 새로운 의미를 찾을 수 있다고 생각한 것이다. 이를 어떻게 수익과 연결할지 고민하다가 데이터 기반의 혁신적인 보험 상품을 구상하게 됐다. 직토를 웨어러블 디바이스 제조사로 기억하는 분들도 많지만, 사실 처음부터 제품보다는 데이터에 초점을 맞추고 있었던 셈이다.

새롭게 론칭한 서비스 '얼마야'는 신용 대출과 담보 대출을 결합한 서비스다. 앱의 카메라 기능을 통해 담보를 맡길 제품을 촬영하면 곧바로 금액 일부를 대출해 주는 모델이다. 잔액은 실제로 제품을 전달받은 후 대출된다. 블록체인 기반의 디지털 전당포라고 할 수 있다. 스마트 보험 솔루션 제공은 여전히 직토의 주 수익원이다. 일종의 캐시 카우 역할을 하고 있는 것이다.

피벗의 계기

돌이켜 보면 스타트업이라는 우리의 태생이 피벗을 결정하는 동인이 된 것 같다. 스타트업은 당장의 이윤보다 성장의 추이로 평가받는 조직이다. 그런데 직토는 B2B에 집중을 하면서

(매출은 안정됐지만) 성장 곡선이 완만해졌다. 사실 플랫폼 비즈니스가 아닌 이상 B2B가 드라마틱한 성장을 이루기는 어렵다. 이러한 한계를 절감하고 피벗을 결정했다.

좀 더 정확히 말하면, 시장의 한계를 느꼈다는 표현이 맞을 것 같다. 보험사들이 인슈어테크 스타트업과 협업하는 이유는 20~30대 고객들을 유치하기 위해서다. 그런데 이 시장에서 젊은 층을 공략했다고 자신 있게 말할 수 있는 회사는 전 세계적으로도 극히 드물다. 우리보다 훨씬 많은 사용자를 보유한 플랫폼들조차 막대한 사용자 확보 비용user acquisition fee을 들였음에도 고객 전환율이 높지 않았다. 우리는 현실을 자각해야 했다. 비전만 있다면 투자를 받을 수 있는 시리즈 A와 달리 시리즈 B를 달성하기 위해서는 비전을 현실로 만들어야 한다. 이 지점에서 한계를 느끼고 완전히 새로운 비즈니스 모델을 떠올리게 됐다.

우리나라는 경제 규모에 비해 동산 담보 대출 시장이 작은 편인데 전당포에 대한 부정적인 이미지 때문이다. 이것만 개선하면 충분히 승산이 있다고 생각했다. 사실 20~30대의 경우 50만 원에서 100만 원 사이의 소액이 필요한 경우가 많은데 대출을 받을 만한 곳이 마땅치가 않다. 신용 점수가 낮은 사람이나 프리랜서도 마찬가지다. 이런 빈틈을 공략하면 성공할 수 있다고 판단했다.

방향 전환의 축

피벗도 결국 창업과 마찬가지다. 어떻게 단기간에 성장을 만들어 낼 수 있는지가 관건이고 이를 위해서는 무엇보다 명료한 전략이 필요하다. 직토의 전략은 그동안 축적해 온 자산을 최대한 활용하는 것이었다. 자산에는 기술력이나 사업적 노하우도 포함되지만, 무엇보다 중요한 것은 남아 있는 팀원들이다. 남아 있는 사람들과 무엇을 함께 할 수 있을지 고민하는 것으로부터 피벗을 시작했다.

방향 전환의 어려움

아이로니컬하게도 안정적인 인지도가 발목을 잡더라. 오히려 신규 비즈니스였다면, 낮은 밸류에서 쉽게 펀딩이 끝났을 수 있었을 텐데, 오랫동안 유지했던 비즈니스를 전환하려고 하니 의문을 표하는 투자사들이 있었다. 피벗을 결정하기까지의 과정을 정말 열심히 설명하고 설득해야 했다. 물론 이 모든 과정을 이해해 준 투자사들은 오히려 빠르게 투자를 결정해 주었지만 말이다.

피벗 이후의 변화

이전에는 보험 및 영업 담당 부서에 비해 개발과 디자인 파트의 분위기가 다소 죽어 있었다. 이미 체계가 잡혀 있는 상황에서 기존 앱을 유지·보수하는 것 외에 별다른 업무가 없었던 것이다. 하지만 신규 서비스를 론칭하면서 개발자와 디자이너들이 더 열정적으로 일할 기회가 많아진 것 같다. 피벗을 결정한 이후 조직 규모를 조금 줄였는데 일인 다역을 맡는 지금의 방식이 훨씬 스타트업다운 활력을 주는 것 같다.

채널코퍼레이션 김재홍 부대표 ; 안정적 경영 환경을 발견하라

김재홍 부대표는 2010년 애드바이미를 공동 창업하고 소셜 광고 플랫폼을 론칭했다. 애드바이미는 2014년 오프라인 매장 방문객을 실시간으로 분석해 데이터를 제공하는 워크인사이트로 피벗했다. 2017년에는 온라인 비즈니스 운영자를 위한 메신저 솔루션 채널톡으로 사업을 확장해 홈페이지의 방문객 정보를 수집하고 소통을 돕는 CRM(Customer relationship management·고객 관계 관리) 솔루션을 제공하고 있다. 채널톡은 현재 일본, 미국, 독일, 베트남 등 전 세계 22개국 4만여 개 기업이 사용하고 있다.

비즈니스 모델

2014년 시작한 워크인사이트는 방문객의 동선과 흐름, 상권 데이터를 분석해 직관적인 대시보드를 제공하는 고객 분석 솔루션이다. 현재 삼성전자, 신성통상 등 다양한 엔터프라이즈 고객군과 중소기업 고객군을 보유하고 있다. 온라인 커머스 업체를 대상으로 한 비즈니스 메신저 솔루션 채널톡은 고객 상담, 마케팅, 팀 메신저 등 CRM과 관련해 고객 중심의 비즈니스 환경을 제공한다. 고객 문의 창구를 통합하고 사이트 방문객에게 개인화된 대화 경험을 제공하는 것이 특징이다.

창업의 계기

멤버 4명과 '인터넷과 모바일 기반 비즈니스 모델을 만들어 보자'라는 생각으로 사업에 뛰어들었다. 사실 거창한 미션이 있었던 것은 아니다. 창업 열풍이 한창이었고 디지털 혁명 시대에 찾아온 새로운 기회를 놓치고 싶지 않았다. 결국 2010년 애드바이미로 창업 전선에 합류했다. 애드바이미는 광고주와 퍼블리셔(매체)를 이어 주는 일종의 애드테크 서비스였다.

피벗의 계기

사업을 준비할 때 액셀러레이터인 프라이머의 권도균 대표님으로부터 들은 조언이 하나 있다. "그럴싸한 비전 이상으로 중요한 것은 생존이고, 살아남을 수 있는 환경을 만드는 것이 가장 중요한 가치"라는 말이었다. 창업과 피벗 과정에서 모든 의사 결정의 기준과 목적은 생존이었다. 애드바이미를 운영하면서 비즈니스 모델의 특성상 스케일 업(scale up·규모 확대)하기 어렵다고 판단했다. 먼저 고객의 리텐션(retention·잔존율)이 낮았다. 광고 캠페인이 끝나는 동시에 기존 고객에게 줄 수 있는 가치도 사라지는 서비스여서 언제나 신규 고객을 유치해야 했는데 영업을 해도 고객이 쌓이지 않다 보니 마치 밑 빠진 독에 물을 붓는 것 같더라. 리텐션을 높일 수 없다면 하나의 고객사로부터 대규모 광고 프로젝트를 수주해야 했지만, 작은 애드테크 회사로서는 불가능한 일이었다. 광고주들이 신규 애드테크 서비스에는 광고 예산의 일부만 투입할 뿐 대규모 예산은 미디어 영향력이 큰 기존 매체에 투입했기 때문이다. 여기에 글로벌 소셜네트워크 업체들이 자체 광고 플랫폼을 운영하기 시작하면서 경영 환경에도 위협을 받게 됐다.

고객의 발견

면세점에서 일하는 지인과 대화를 나누면서 아이디어를 얻었다. 면세점은 고객의 신분을 확인할 수 있는 특수한 환경을 갖추고 있는데도 고객 데이터가 없더라. 그 이야기를 계기로 오프라인 매장을 위한 고객 분석 솔루션 시장에 대해 조사하기 시작했다. 실리콘밸리에서는 이미 방문객을 분석할 수 있는 하드웨어와 고객 데이터를 분석할 수 있는 빅데이터 솔루션을 결합한 스타트업이 대규모 투자를 유치하며 주목받기 시작한 반면, 아시아에는 없었다. 오프라인 매장을 타깃으로 한 고객 분석 솔루션에서 새로운 가능성을 발견했고 아시아 시장 선점을 위해 워크인사이트 서비스를 만들기로 했다.

방향 전환의 축

경영 환경의 안정성이었다. 애드바이미 비즈니스 모델의 중요한 세 축인 SNS, 광고주, 퍼블리셔는 모두 변동성이 높았다. 소셜 네트워크 업체의 광고 정책이 급변하고 있었고 광고주들의 리텐션은 낮았으며 수많은 퍼블리셔들을 관리하기도 어려웠다. 피벗을 고민하며 비즈니스 생태계를 구성하는 핵심 요소 가운데 경영 환경만큼은 변동성이 적어야 한다고 생각했다. 워크인사이트 서비스를 오프라인 매장 기반으로 시작한 이유도 SNS에 의존하는 환경보다 오프라인 환경이 안정적일 것으로 판단했기 때문이다. 사업 초기 엔터프라이즈 고객사를 먼저 타깃으로 삼은 이유도 비슷한 맥락이었다. 자본이 충분한 대기업이 중소기업보다 오프라인 매장을 꾸준히 운영할 확률이 높았다.

방향 전환의 어려움

세일즈 프로세스가 달라진 것이 가장 어려웠다. 주요 고객사가 광고 에이전시에서 오프라인 매장을 운영하는 대기업으로 바뀌면서 세일즈 사이클이 길어졌다. 하나의 거래를 수주하는 데 짧게는 3개월, 길게는 6개월이 걸렸다. 이전에 경험한 적 없는 워크인사이트라는 서비스를 고객에게 설명하고 설득하는 과정도 어려웠다. B2B 사업의 특성상 레퍼런스가 중요한데 처음 시작하는 비즈니스여서 레퍼런스가 없었다. 지인을 대상으로 영업하기도 하고 무료로 서비스를 체험할 수 있도록 배포하기도 했다. 점점 대기업 고객군을 중심으로 레퍼런스가 쌓이고 워크인사이트의 가치를 인정해 주는 이들이 많아졌다.

사업의 확장

우연한 기회에 고객들의 새로운 니즈를 발견했다. 워크인사이트 서비스 이용사 중에 오프라인 매장처럼 홈페이지에 대한 고객 분석을 해달라고 요청하는 경우가 있었는데 온라인 환경을 분석하다 보니 새로운 기회를 발견하게 됐다. 기업들은 온라인에 투자를 늘리며 신규 고객 유치에 집중했지만 정작 구매 전환율은 현저히 낮은 수준이었다. 문제는 고객 경험이었다. 홈페이지에서 고객 경험의 핵심은 점원과의 대화에 있다고 보고 비즈니스 메시징 솔루션 채널톡을 만들었다.

주주를 설득하는 것과 달라진 사내 문화를 재정비하는 것이 과제였다. 주주를 설득할 때는 워크인사이트와 채널톡의 타깃 고객군이 다르다는 점을 강조했다. 워크인사이트는 오프라인 매장을 운영할 정도로 규모 있는 기업을, 채널톡은 온라인을 중심으로 운영하고 있는 소규모 기업을 타깃으로 한다. 소자본으로 시작할 수 있는 온라인의 시장 규모가 빠르게 커지고 있고 경쟁자가 없는 매력적인 시장이라는 점을 강조해 주주 설득에 성공했다. 또한 타깃 고객군과 상품군이 달라지다 보니 팀 내 문화를 재정비할 필요가 있었다. 각 팀의 리더를 앞세워 조직을 재편했는데 현재는 팀 내부의 불안감이 많이 줄어든 상태로 조직과 사업 측면에서 모두 안정기에 접어들었다.

"문화를 망치지 마세요Don't fuck up the culture"

에어비앤비의 CEO 브라이언 체스키Brian Chesky는 2013년 팀원들에게 이런 제목의 이메일을 보냈다. 이 말은 피터 틸Peter Thiel로부터 1억 5000만 달러 규모의 시리즈 C 투자를 받은 직후 조언을 요청했을 때 돌아온 대답이기도 했다. 문화는 에어비앤비 팀에 투자한 이유 중 하나이지만, 회사가 성장할수록 조직 문화가 훼손되는 것은 피하기 어렵다는 우려에서 나온 조언이었다. 브라이언 체스키는 이를 언급하면서 문화가 에어비앤비의 근간이고, 100년 후에 회사가 다른 모습을 하고 있을 때도 유지되어야 할 요소라고 강조했다. 미래에 일어날 모든 혁신의 토대는 문화라는 것이다.

조직 문화를 구축하고, 유지하는 것은 그만큼 어렵고, 중요한 일이다. 독자적인 조직 문화를 만들어 성장하고 있는 스타트업들의 이야기를 들었다. 빠르게 실패하는 문화를 만든 모바일 학습 플랫폼 튜터링의 김미희 대표, 효율적인 원격 근무 문화를 구축한 교육 서비스 기업 스터디파이의 김태우 대표, 조직을 자율적인 성장 플랫폼으로 정의한 버드뷰의 이웅 대표에게 조직 문화 구축 전략을 물었다.

튜터링 김미희 대표 ; '개캐터', '마발자'의 힘

튜터링은 온디맨드 모바일 러닝 플랫폼으로, 외국어 회화 학습 서비스를 제공한다. 실시간 통화 기술을 통해 모바일 앱에서 원하는 시간에 강사와 수업을 진행할 수 있다. 2016년 9월 창업해 현재 앱 다운로드 수 300만 회를 기록하고 140만 명의 사용자와 2000명의 튜터를 보유하고 있다. 경제력이 교육을 지배하지 않는 사회를 만들겠다는 목표를 갖고 서비스를 개발한다.

팀 구성

전체 인원은 70명이 넘는다. 교육 운영팀, R&D 팀, 마케팅팀, 학습 상담 센터, 전략 기획 및 UX 팀, 경영 지원 팀으로 구성돼 있다. 튜터링은 매트릭스 조직을 채택하고 있어서 태스크포스TF 기능을 하는 하이브리드 팀 '고Go'가 있다. 프로젝트 목적에 맞춰서 직군별로 필요한 인원이 모여 사업 조직을 구성한다. 2019년 말까지만 해도 직군으로만 팀을 구분했는데 50명을 넘어선 때를 기점으로 조직 개편을 고민하기 시작했다. 스포티파이, 쿠팡 등에서 매트릭스 조직을 시행하는 사례를 보고 도입했다.

조직 문화 정의

우리는 팀원의 성장을 회사의 성장보다 중요하게 여긴다. 조직 문화는 개개인의 DNA에서 나온다고 생각한다. 셀프스타터self-starters, 셀프모티베이티드self-motivated, 협업 역량을 강조하는 이유다. 사업을 시작한 지 얼마 되지 않았을 때도 열 명 중의 두 명만 개발을 할 줄 알았다. 그 외에는 모두 주니어였다. 주니어가 더 많아서 개인의 성장에 집중하다 보니 오히려 서로에게 배우고 의지하게 되더라. 전문성을 중요하게 생각하는 회사도 많지만, 우리는 성장 잠재력과 협업 능력을 더 많이 본다. 팀원이 성장하면 회사는 저절로 큰다.

팀원에게 필요한 핵심 가치

성장을 중요하게 생각하는 만큼, 융합적인 사고와 유연성을 강조한다. 종종 팀원들과 하는 이야기가 있다. "우리 회사에 개발자와 마케터는 없고 개케터(개발자+마케터)와 마발자(마케터+개발자)가 있다." 개발자가 개발만 해서는 안 되고, 마케터라고 해서 마케팅에만 집중하면 안 된다는 말이다. 백엔드를 담당하는 개발자도 마케터의 입장에서 생각할 줄 알아야 하고, 마케터도 개발의 방향성을 이해해야 한다. 유연성을 강조하고 다른 팀원의 업무까지 이해하도록 격려하고 있다.

조직 문화 구축 계기

창업 초기부터 팀 내 주니어의 비중이 컸기 때문에 부족한 부분을 메꾸려고 노력했다. 이를 위해 빠른 실패를 강조했다. 아이디어가 나오면 A/B 테스트를 빠르게 거치고 결과를 확인했다. 예를 들어, 이용자에게 일대일 서비스 체험 쿠폰을 나눠줬는데, 처음에는 체험 비율이 10퍼센트밖에 되지 않았다. 일단 체험을 하면 30퍼센트가 가입으로 이어졌기 때문에 체험 비율을 높일 방법을 구상했다. 빠르게 A/B 테스트를 거쳐 결국 비율을 40퍼센트까지 끌어올렸다. 개인이 성장할 수 있는 환경을 구축하려면 빠른 실패를 강조하는 문화를 만들어야겠다고 생각했다. 빠른 실패는 적은 비용으로 최대 효과를 낼 수 있는 성장 비결이기도 하다.

실행 방식

문서화를 강조한다. 예를 들면, 그동안 내부적으로 실행했던 각종 A/B 테스트 예시를 정리한 '성장 레시피 노트'가 있다. 기존에 시도했던 실험들을 보면서 앞으로 진행하고 싶은 프로젝트를 생각해 볼 수 있다. 튜터링에서만 사용하는 용어 사전도 있다. 재무 현황도 모두가 볼 수 있게 문서화했다. 팀 내부 사람들과는 모든 것을 공유해야 한다는 생각이다. 회사의 지향점을 뚜렷하게 만드는 일이기도 하다.

팀 결속

초기에 설정했던 회사의 지향점을 유지하면서 규모를 키우는 일이 가장 어려웠다. 창업 초기에는 열 명 안팎이었던 팀원이 2018년 초에 20명이 되고 지금은 70명이 됐다. 새로 합류하는 팀원은 신입, 대기업 경력, 프리랜서 등 다양한 배경을 가지고 있어서 조직 문화가 흔들리지 않으려면 기반이 잘 잡혀 있어야 했다.

문제 개선

새로운 팀원이 들어올 때마다 OJT를 진행한다. 대표와 각 팀 리더가 세션을 맡아서 팀의 특징과 문화를 설명해 준다. OJT만큼 신경 쓰는 부분은 채용이다. 팀의 일하는 방식을 잘 지켜 나가기 위해서는 적합한 사람이 들어와야 한다. 적합한 사람이 우리 회사를 찾아 주길 바라는 마음으로 개인 브런치나 회사 SNS에 글을 자주 쓴다. 2019년에 TV 광고 캠페인을 진행하면서 정리한 〈스타트업, '개념 없이' 메이저 무대를 넘보다〉, 회사 3주년을 기념하며 기록한 〈세 살 튜터링, 100만 회원까지 우리에게 있었던 일들〉 등이 있다. 내부의 크고 작은 사건을 외부와 공유하고 있고 실제로 면접을 진행하면 포스팅을 읽었다는 분이 많다.

팀 내 교류 프로그램

밀레니얼의 유대 관계는 회식에서 나오지 않는다. 대신 팀원들이 참여하고 싶은 동아리를 만든다. 현재 튜터링에는 축구, 등산, 방 탈출 등 사내 동호회가 있다. 점심시간에 각자 읽은 책을 공유하는 북 클럽도 있다. 교육 서비스를 제공하는 기업이고 성장을 강조하는 만큼, 사내 교육도 활발하다. 경력직 리더들이 강사가 되어 한 달에 한 번 강의를 진행한다. 엑셀, 마케팅, 브랜딩 등 주제는 다양하다. 퇴근 시간이 지나고 늦은 저녁에 진행하는데도 참여율이 높다.

이상적인 조직 문화

가장 이상적인 조직 문화는 각 기업이 처한 산업, 성장 단계, 체질, 규모에 맞게 문화를 구축한 경우다. 회사의 발전에 따라 조직 문화도 달라져야 한다.

목표를 공유하는 법

분기별로 회사 목표를 세분화시키고, 태스크포스 팀인 '고' 단위로 비즈니스 목표를 제시한다. 매년 초에는 워크숍을 진행해 직군별로 정체성을 구체화하고 의사 결정 방식을 공유한다. 예를 들어, 개발 팀은 사용 경험과 미적인 요소 중에서 무엇을 우선순위에 두는지 등을 공유했다. 데이터 그로스 팀은 서비스에 문제가 생기면 나팔을 불어 팀에게 알리는 역할을 하는 '튜터링의 나팔수'라고 자신들을 정의해 인상 깊었다.

조직을 단단하게 만들기 위해 가장 중요한 것

서로에 대한 이해와 소통은 필수다. '개케터', '마발자'를 강조하는 이유도 팀의 유대 관계를 키우기 위해서다. 조직원이 서로를 이해하고 소통하려고 노력하면서 빠르게 실패하는 문화를 구축하면 조직이 단단해진다. 스타트업의 기본 정신은 실험이다. 회사에서 벌어지는 모든 과정을 실험의 한 부분이라고 생각하고 팀원 간 이해와 소통을 장려하면서 조직의 결속을 강화하고 있다.

조직 문화를 만들고 있는 초기 스타트업에게

튜터링도 아직 초기라서 조심스럽다. 그래도 이제 막 팀 빌딩을 시작한 조직이 있다면 창업 초기부터 조직 문화에 대해 고민하라고 말해 주고 싶다. 초기에는 회사를 세우고 서비스를 만들어 출범시키는 일에만 집중해서 조직이 궁극적으로 추구해야 할 가치가 무엇인지 놓치기 쉽다. 초반부터 조직 문화의 중요성을 간과하지 말았으면 좋겠다.

스터디파이 김태우 대표 ; 텍스트와 화상의 적절한 조화

스터디파이는 성인을 위한 교육 서비스를 제공한다. 영어 교육을 비롯한 직무 관련 교육 서비스를 제공해 왔다. 데드라인, 과제, 스터디 코치 등의 서비스로 클래스 완주를 돕는다.

지난해부터는 서비스 리뉴얼을 통해 직무 교육뿐 아니라 부업이나 개인 사업을 시작하는 데 도움이 되는 교육 서비스를 추가했다.

팀 구성

교육 상품을 기획·디자인·개발하는 제품 개발 팀, 서비스 운영과 고객 CS를 맡는 운영 팀, 교육 상품을 기획, 제작하는 교육 상품 팀, 마케팅 팀 등 총 네 개의 팀으로 구성되어 있다. 총 15명의 팀원이 원격으로 일한다. 지방이나 해외에 거주하고 있는 팀원도 있다.

조직 문화 정의

스터디파이 팀의 조직 문화는 '효율성'으로 정의할 수 있다. 불필요한 절차와 관행을 없애고 효과적으로 일할 수 있는 방법을 고민한다.

팀원에게 필요한 핵심 가치

커뮤니케이션이 잘 돼야 한다. 원격 근무 특성상 비대면, 비실시간 소통이 많다. 효과적으로 소통하려면 정보가 구체적이어야 한다. 예를 들어 미팅 시간을 정할 때는 가능한 시간과 함께 우선순위까지 알려 준다. 회의 때는 회의의 주제와 프로젝트 진행 상황, 회의 결과 등을 구체적으로 기록한 회의록을 작성해 공유한다. 다음으로, 문화 적합성을 추구한다. 채용을 할 때 지원자가 협업할 사람들과 인간적으로 소통하는 데 불편함이 없을지 확인하는 것이다. 면접을 본다고 해서 그 사람의 100퍼센트를 알 수 있는 건 아니지만, 기존 팀원들과 원활하게 소통할 수 있는 사람인지를 우선적으로 고려한다. 실무에 대한 전문성도 필요하다. 업무에 대해 이론만 아는 것이 아닌, 직접 실무를 해낼 수 있는 능력이 중요하다. 인원이 많지 않은 스타트업 조직에서 효율적으로 일하기 위해서다.

조직 문화 구축 계기

우리는 조직 문화를 만드는 초기 단계부터 원격 근무로 출발했다. '효과적으로 일하기 위해 출근이 꼭 필요할까?'라는 회의가 오래전부터 있었기 때문이다. 서울에 있는 회사라고 가정할 때, 출퇴근에만 평균 왕복 2시간이 소요된다. 이동만으로 너무 많은 에너지를 소비한다. 물론, 출퇴근하는 생활이 일하는 습관을 형성하는 데 긍정적인 면도 있다. 그러나 컨디션이 좋지 않거나 개인적인 사정이 있을 때는 효율이 떨어질 수밖에 없다. 지금까지 전 직원 원격 근무를 아무도 시도하지 않았다면 시작하는 것을 고민했을 것이다. 그러나 이미 원격 근무의 효과를 입증한 기업들이 있다. 기업 가치가 조 단위가 넘는 워드프레스나 인비전 등이다. 트위터 등 일부 기업들 역시 코로나 사태를 계기로 원격 근무의 효과를 경험하고 시행에 나서고 있다.

팀 내 교류 프로그램

평소에는 온라인을 통해 효과적으로 일하고, 중간중간 오프라인으로 만나서 온라인의 단점을 보완한다. 온라인으로는 팀별 주간 미팅을 한다. 진행 방식은 팀마다 조금씩 다르다. 정해진 시간에 화상 카메라를 켜 놓고 함께 일하는 팀도 있다. 집에서 원격으로 일하고 있지만, 동료와 함께 일한다는 느낌을 받기 위해서다. 최근에는 코로나바이러스 때문에 '랜선 회식'을 하고 있다. 식사 시간에 화상으로 만나 대화하면서 밥을 먹는다. 협업 메신저 슬랙Slack에는 취미 채널을 많이 개설해 뒀다. 채널을 통해 그때그때 관심사와 관련된 이야기를 나눈다. 한편 사람과 사람이 함께 일하는 데에 있어 오프라인 만남의 중요성도 무시할 수 없기 때문에 주기적으로 오프라인 워크숍을 진행하고 있다. 코로나 이전까지 4월과 10월에는 국내에서 워크숍을 진행하고, 1월과 7월에는 전 직원이 2주 정도 해외 워크숍을 떠났다. 지금까지 호주와 발리, 부다페스트를 다녀왔다. 워크숍 기간 동안 함께 일하고, 놀기도 하면서 친밀도를 높이고 팀워크를 강화하고 있다.

팀 결속의 어려움

스터디파이 팀을 구성한 후 피벗을 몇 차례 진행했다. 원격 근무로 일하다 보니 그 과정에서 전체 팀원과 실시간으로 의견을 공유하고 일치시키는 데 어려움이 있었다. 공통된 방향을 전달하는 일에 많은 에너지를 소비했다. 원격 근무에 잘 맞는 사람을 채용하는 것도 어려웠다. 기존에 출퇴근을 하던 사람 중 원격 근무에 적응하는 것을 어려워하는 경우가 있었기 때문이다.

문제 개선

우선 채용과 온보딩 과정을 강화했다. 수습 기간에는 온보딩 코치를 배치해 조직에 잘 적응할 수 있도록 돕는다. 가장 밀접하게 일하는 팀원을 코치로 정하고, 온보딩 매뉴얼을 문서화하면서 발전시켜 왔다. 또한, 과거의 일을 이야기하는 '피드백'이 아니라 앞으로의 개선에 초점을 맞춘 '피드포워드'를 한다. 원활한 소통을 위해 사업의 방향성을 명확히 하고 이를 공유하는 시간을 갖기도 했다. 창업 후 1년 반 정도 지나자 앞으로의 방향성을 구체화할 수 있었다. 방향을 명확히 설정하고 나니, 그 전보다 소통하는 것이 수월해졌다. 업무를 문서화하는 작업도 했다. 슬랙에 업무 관련 사항을 프로젝트별, 로드맵별로 기록하여 팀원들과 공유한다. 슬랙에서는 기본적으로 공개 대화를 디폴트로 하고 개인 메시지를 지양한다. 모두에게 정보를 공개해 커뮤니케이션 효과를 높이기 위해서다. 이 과정에서 업무 협업 툴을 적극적으로 활용한다. 업무 관리는 아사나Asana를 사용하고, 회의록은 슬랙에 남겨서 다른 팀의 안건도 확인할 수 있게 한다. 일정 관리나 실무에는 구글 지스위트G-suite를 사용한다. 이 과정에서 매뉴얼이 자리 잡으면 노션Notion에 기록해 둔다. 전체 회의는 줌Zoom을 활용한다.

원격 근무에서 중요한 것

원격 근무를 선택하는 것은 효과적으로 일하기 위해서다. 그렇다면 거기에 맞게 행동해야 한다. 팀원들이 일하고 있는지 확인하기 위해 업무 진행 상황을 계속해서 추적하거나 리포트를 요청하는 것은 효과적인 업무 방식이 아니다. 원격 근무의 효과를 극대화하는 방법을 고민해야 한다. 그러기 위해서는 결국 커뮤니케이션 전략, 각자 맡은 일을 잘 해내는 방법, 협업 툴 활용 방안 등을 생각해야 할 것이다. 원격 근무는 기본적으로 텍스트를 잘 활용해서 회의록이나 매뉴얼을 상세하게 기록하는 것이 중요하다. 그러나 비언어적 소통 또한 무시할 수 없다. 특히 '피드포워드'를 할 때 문자만 오간다면 오해가 쌓일 수 있다. 특히 민감한 이야기를 할 때는 화상으로 대화를 나누는 것이 좋다. 비언어적 표현이 커뮤니케이션의 70퍼센트를 차지한다는 말이 있듯이, 텍스트만 사용하면 오해가 쌓일 수 있기 때문이다. 원격 근무에는 텍스트와 화상의 적절한 조화가 필요하다.

이상적인 조직 문화

조직 안에 있는 사람들이 그 조직의 문화를 긍정적으로 생각하고, 팀원들이 일을 잘할 수 있는 문화가 형성되는 것이 중요하다. 객관적으로 아무리 좋은 조직 문화라고 해도 조직 내부에 있는 사람에게 맞지 않으면 의미가 없다. 우리 회사에서 좋은 성과를 내는 사람이 다른 회사에서 동일한 성과를 낼 것이라는 보장도 없다. 그렇기 때문에 조직 내부 사람들의 생각이 중요하다. 이 회사의 문화가 나와 잘 맞는지 일하는 사람들이 판단해야 한다고 생각한다.

목표를 공유하는 법

서비스의 최종 목적과 비전을 자주 공유한다. 우리 서비스의 목적은 '스터디파이의 교육 콘텐츠를 수강하는 사람들이 본인의 목표를 달성하는 것'이다. 이를 위해 온라인 클래스와 합리적인 가격이라는 차별화된 서비스를 제공한다. 부업과 개인 사업으로 서비스를 확장하면서는 '교육을 통해 경제적 격차를 줄인다'는 비전을 만들었다. 사람들이 공부하는 이유는 미래에 대한 불안 때문인 경우가 많고, 불안에는 결국 돈 문제가 있기 때문이다. 교육을 통해 사람들이 돈을 벌 수 있게 돕는 것이 중요하고, 유의미한 서비스라는 점을 자주 이야기한다. 동시에 이러한 목표나 비전은 먼 이야기라고 느낄 수 있어서 짧은 기간의 목표를 구체적으로 제시한다. 단기간의 목표를 정성적 그리고 정량적 수치로 정해서, 이를 달성하기 위해 누가, 어떤 업무를 맡아서 진행할 것인지 구체적으로 공유하고 있다.

조직을 단단하게 만들기 위해 가장 중요한 것

효율성을 추구하기에 앞서 서로에 대한 신뢰가 우선시되어야 한다. 우리는 이를 위해 '철저한 솔직함radical candor'을 추구하고 있다. 문제 상황에서 말을 돌려 하는 것은 서로에게 도움이 되지 않는다. 문제가 생기거나 불만이 생겼을 때 최대한 솔직하게 공유해서 개선해 나가야 한다. 이 과정에서 앞과 뒤가 다르지 않아야 한다. 철저한 솔직함을 통해 얻으려고 하는 것은 결국 서로에 대한 신뢰다. 이 사람이 나를 충분히 존중하고, 이 사람이 하는 말은 효과적으로 일하기 위해서라는 믿음을 주는 것이 중요하다.

조직 문화를 만들고 있는 초기 스타트업에게

어떤 조직 문화를 만들지 결정할 수 있다는 점은 초기 스타트업 팀원의 특권이다. 다른 회사에서 일할 때 느낀 문제점을 직접 개선하고 내가 원하는 방식의 조직 문화를 시도할 수 있다. 조직 문화를 만들어 갈 때는 팀원들과 이야기를 많이 나누는 것이 좋다. 이상적인 문화는 상대적인 개념이기 때문에 본인이 이상적이라 생각하는 것과 팀원의 생각이 다를 수 있다. 어떤 조직을 만들고 싶은지 함께 고민해 맞춰 가는 과정이 필요하다. 합의점을 찾은 다음에는 거기에 맞는 사람을 뽑아야 한다. 면접에서 조직 문화에 부합하는 사람을 어떻게 알아볼지에 대한 고민이 필요하다.

버드뷰 이웅 대표 ; 성과와 성장을 동시에 추구할 수 있다

버드뷰는 화장품 정보 플랫폼 '화해'를 만든다. 화해는 제품에 대한 객관적인 정보, 사용자 리뷰, 개인화된 제품 추천과 탐색, 쇼핑 등을 제공하는 플랫폼이다. 누적 다운로드 수 950만, 월간 활성 이용자 수(Monthly Active User·MAU) 130만 명을 기록하고 있다. 화해의 미션은 화장품 시장의 정보 비대칭 문제를 해결해 소비자가 중심이 되는 화장품 시장을 만드는 것이다.

팀 구성

전체 규모는 120명 정도다. 기능 중심 조직인 팀과 미션 중심 조직인 밴드로 구성되어 있다. 직급과 위계가 아닌 역할과 미션 중심의 조직 구조다. 제품, 비즈니스, 마케팅 및 브랜딩, 경영 지원 기능을 가진 13개 팀과 사용자 가치 증대, 광고 비즈니스 가치 증대, 커머스 비즈니스 가치 증대라는 각각의 미션을 가진 3개의 밴드가 있다. 밴드는 달성하고자 하는 미션을 중심으로 다양한 기능과 역할을 가진 구성원이 모여 기민하게 의사 결정을 하고 공동의 학습을 하는 조직이다. 밴드와 팀은 다기능 조직cross functional team으로, 밴드의 구성원은 밴드 소속인 동시에 각자의 팀에도 속해 있다.

조직 문화 정의

버드뷰의 조직 비전은 '자율적 성장 플랫폼'이다. 우리는 성과와 성장을 동시에 추구할 수 있다는 점과 회사 성과를 추구하는 과정이 구성원의 성장으로 이어지고 구성원의 성장은 다시 회사의 성과로 이어지는 선순환 관계에 대한 믿음을 갖고 있다. 조직 문화는 자율과 공유, 참여와 공개, 자율 성장, 동반 성장이라는 네 가지 키워드로 요약할 수 있다.

우리는 자율과 책임이 아닌, 자율과 공유의 문화를 갖고 있다. '알아서 합시다. 그리고 본인이 책임지세요.'라는 개인주의가 바탕이 된 방식이 아니라, '알아서 합시다. 그리고 공유합시다.' 식으로 각자의 자율을 존중하면서도 내용을 공유한다. 신뢰를 유지하고, 서로의 성장과 학습을 나누는 것을 추구한다. '참여와 공개'는 버드뷰 구성원과 회사가 동반자 관계임을 보여 주는 키워드다. 자율이 온전하게 실현되기 위해서는 최대한 많은 정보를 공유하고 있어야 한다. 회사 재무 정보를 포함한 거의 모든 정보를 투명하게 공유하고, 모든 영역에서 구성원들이 참여하고 의견을 낼 수 있는 기회를 제공하고 있다. 매주 월요일 진행하는 전사 타운홀 미팅에서는 주요 공지 사항, 의사 결정 사항과 이유, 목표, 전략, 문제 상황과 해결 방안, 성과 데이터 등 주요 정보를 모두 공유하고, 구성원들은 자유롭게 의견을 낸다. 이를 바탕으로 구성원들은 스스로 성장을 위해 노력하고, 회사도 이를 최대한 지원하려 한다.

팀원에게 필요한 핵심 가치

자율 성장과 동반 성장에 따라 총 여덟 가지 핵심 가치가 있다. 끈기, 최고 지향, 목표 달성, 자기 인식, 도전 정신 등 다섯 가지가 자율 성장에 속하고, 상호 존중, 피드백 전달과 수용, 성장 나눔 등 세 가지가 동반 성장에 속하는 핵심 가치다. 여덟 가지를 가진 분이라면 우리가 '자율적 성장 플랫폼'으로 정의하는 조직 안에서 반드시 성장할 것이라는 확신이 있다. 여덟 가지 핵심 가치는 채용과 평가, 보상에 연결하고 문화에도 적용한다.

실행 중인 프로그램

조직 문화가 지속되려면 반드시 목표 달성 체계, 제도와 연결되어야 한다. 그렇지 않으면 구호에 그치거나 분위기만 만들어질 뿐, 조직의 방향성과는 어긋날 수 있기 때문이다. 그래서 버드뷰는 비전과 미션, 핵심 가치와 문화, 일하는 방식 등을 구성원들에게 상기시키는 것을 넘어 채용 프로세스와 기준, 온보딩 프로그램, 평가 제도, 보상 제도, 목표 달성 체계에 모두 적용했다.

채용 단계에서는 성장 욕구가 큰 지원자를 찾기 위해 강점 진단 테스트를 하고, 버드뷰의 핵심 가치를 평가 요소로 한 면접 평가지를 만들어 짧은 시간에 지원자를 잘 파악할 수 있도록 인터뷰한다. 버드뷰 조직 안에는 인사팀 대신 '성장 관리 팀'이 있다. 기업들이 대개 결과 중심으로 성과 평가 제도를 운용하는 것과 달리, 버드뷰에서는 구성원의 성장 진단과 피드백 세션을 묶어서 메리 그로스Merry Growth라는 이름으로 성장 관리 제도를 운용한다. 어려울 수밖에 없는 성장의 과정을 즐기자는 의미다. 성장 관리 팀의 안내하에 모든 구성원들이 조직 안에서 같은 방향을 향해 가고 있는지 점검하고 주로 협업하는 팀과 구체적인 피드백을 주고받는다. 상대를 평가하기 위한 피드백이 아니라, 제대로 커뮤니케이션하기 위한 방법으로서의 피드백을 추구한다. 버드뷰는 제대로 된 피드백 문화를 갖추기 위해서 창업 초기부터 OKRObjective Key Result이라는 목표 달성 체계를 도입했다. 구글뿐 아니라 아마존, 디즈니, 페이스북 등의 기업이 택한 OKR은 이상적인 목표objective를 수립한 후 핵심 결과key result를 통해 그 목표를 달성하기 위한 방법들을 정하는 목표 관리 체계다. 이를 통해 자율적이면서 도전적인 목표 설정과 조직 목표와의 방향성 일치가 원활하게 이루어질 수 있도록 한다.

조직 문화 구축 과정

조직 문화는 인위적으로 만들 수 없다. 문화는 구성원들에 의해 자연스럽게 만들어지고 나서, 그것을 정리해서 키워드와 문장으로 만드는 것이다. 그 반대로는 작동할 수 없고 지속하기도 어렵다. 버드뷰는 문화를 만들 때 우리 스스로를 관찰하고 정리하며 이해하는 데에 초점을 맞췄다. 법인을 설립하고 1년 정도 됐을 때 '우리가 왜 망하지 않고 성장하고 있을까', '무엇이 우리를 앞으로도 성장하게 만들까'라는 질문을 지속적으로 던졌고, 우리가 자연스럽게 해오던 방식과 특징들을 정리해 구성원과 공유하고 의견을 수렴해서 비전, 미션, 핵심 가치, 기업 문화, 일하는 방식으로 정리했다. 정리한 명제들을 계속해서 공유하고, 상기시키고, 실행에 옮기는 작업에 집중하면서 문화가 더 뚜렷해졌다.

팀 결속의 어려움

조직 문화를 유지하고 함께 일하는 방식을 발전시켜 가기 위해 가장 중요한 것은 모두가 한 방향을 바라보는 얼라인먼트 (alignment, 일치)다. 이것이 깨져서 서로가 다르게 이해하고 해석하고 소통하면 모든 것이 어긋난다. 우리도 구성원이 늘어나면서 균열이 조금씩 보이기 시작했고 전에 없던 어려움도 생겨났다. 조직이 성장하고 커지는 과정에서 방향을 잃어버리는 구성원이 생기기도 했다.

문제 개선

우리가 왜 이 일을 시작했고, 어떻게 세상을 바꿔 나가고 있는지 수시로 명확하게 공유하면서 스스로 동기 부여를 받고 다시 성장할 수 있도록 이끌고 지지했다. 조직 전체, 팀별, 개인별로 긴밀하면서도 끊임없는 커뮤니케이션을 했고, 지금도 계속하고 있다. 월요일 타운홀 미팅에서 뷰포인트 싱크 viewpoint sync 자료를 만들어서 서로 방향성이 틀어진 부분을 정리해서 공유하고, 질의응답을 하는 시간을 여러 차례 가졌다. 더불어 버드뷰의 비전과 철학, 추구하는 가치 등을 문서로 만들어 협업 툴인 노션에서 언제든지 쉽게 확인할 수 있게 했다. 하지만 핵심은 결국 조직의 리더들이 조직과 일치되어 있는지, 그리고 리더들이 구성원들과 적극적으로 방향을 맞추고 있는지다. 조직의 리더분들과 많은 소통을 하고 서로에 대한 기대와 이해도를 높이는 것이 나에게는 가장 중요하다고 생각한다.

목표를 공유하는 법

OKR과 함께 '화해 플랫폼 플라이휠'이라는 개념을 활용한다. 화해 플랫폼과 비즈니스, 조직이 맞물려서 작동하고 선순환을 만들어 내는 구조를 정리한 것이다. 미국 아마존의 성장 모델인 플라이휠flywheel을 우리 팀에 맞게 그리고 제품, 비즈니스, 조직이 어떻게 작동하는지 정리했다. 이를 전사에 공유하고 각 팀이 어느 부분을 담당하고 있는지 기재하도록 하고 있다. 조직의 목표는 무엇인지, 각 팀은 그 안에서 어떤 역할을 하는지 맥락을 이해하게 해 같은 방향을 바라볼 수 있게 한다.

조직 문화를 만들고 있는 초기 스타트업에게

문화를 억지로 만들기보다는 우리 조직의 모습을 관찰하고, 정리하고, 공유하고, 논의해 보라고 말하고 싶다. 그러면 구체적이고 명료하게 정리된 내용이 생긴다. 그것을 진심으로 믿고, 팀이 하는 모든 일에 적용하기 위해 노력해야 한다. 여기에서 리더가 세상을 바라보는 가치관은 가장 중요한 요인이

되기 때문에, 리더는 늘 본인의 가치관을 점검하고 확대하기
위한 고민을 계속해야 한다.

스타트업은 정체기를 이겨 내면서 성장한다. 사업 초기에는 데스밸리Death Valley라고 불리는 시기를 지나야 한다. 제품 개발과 사업화 단계에서 겪는 자금난이다. 데스밸리를 극복한 뒤에는 성장 속도를 급격히 높이는 스케일 업Scale up에 성공해야 기업 가치를 극대화할 수 있다. 성장의 정체기를 극복하지 못하고 소멸하는 사례는 무수히 많다. 우리나라 스타트업의 1년 생존율은 62.4퍼센트지만, 5년 생존율은 27.3퍼센트에 불과하다.

정체기를 극복하고 주목할 만한 성장을 만들어 낸 스타트업들을 만났다. 청소 서비스를 제공하는 애플리케이션으로 시작해 다양한 주거 관리 서비스를 망라하는 플랫폼으로 성장한 미소의 빅터 칭 대표, 재생 에너지 발전소 플랫폼으로 소규모 업체 중심의 태양광 에너지 시장에서 '규모의 경제'를 이룬 솔라커넥트의 이영호 대표, 과외 교사와 학생 매칭 서비스였던 콴다를 문제 풀이 검색 서비스와 교육 콘텐츠 플랫폼으로 확장한 매스프레소의 이종흔, 이용재 공동 대표를 인터뷰해 폭발적인 성장의 기술과 전략, 동력을 물었다.

미소 빅터 칭 대표 ; 좋은 제품은 재구매하고 싶은 제품이다
2015년 8월 설립된 미소는 앱 기반으로 가사 도우미와 소비자를 연결해 청소 서비스를 제공하는 스타트업이다. 현재는 청소 서비스를 넘어 반려동물 돌봄 서비스, 인테리어, 가구 리폼, 정리 수납 컨설팅 등 58개의 다양한 홈서비스를 하나의 앱에서 선보이고 있다. 2016년 미국 실리콘밸리 최고의 스타트업 액셀러레이터인 와이콤비네이터 멘토링 프로그램에 선발됐다. 누적 투자 금액은 120억 원이다. 12년간 네 차례 창업을 경험한 빅터 칭 대표를 만났다.

핵심 성과 지표

많은 스타트업이 월 매출을 중요한 성장 지표로 생각한다. 우리에겐 매출이 중요한 지표가 아니다. 청소 서비스 매출은 명절 전후 같은 성수기와 비수기의 차이가 크고, 공격적인 프로모션을 진행하면 쉽게 높일 수 있다. 매출보다 사업의 지속 가능성을 더 잘 계량할 수 있는 지표가 무엇일지 고민했다. 그래서 정한 것이 주간 청소 주기(Weekly Recurring Cleaning·WRC)다. WRC가 3이라면, 매주 3회 청소를 받는다는 뜻이다. 고객이 서비스를 자주 이용할수록 높아지는 지표다. 서비스를 이용하면서 좋은 경험을 하는 고객이 늘어날수록 회사가 더 크게 성장할 수 있기 때문에 우리에게 가장 중요한 지표다. 청소 서비스 외에도 인테리어, 소독 등 다양한 영역으로 사업을 확장하며 새로운 성과 지표도 개발했다. 두 개 이상의 미소 서비스를 사용하는 고객 수다. 주거 관리 플랫폼으로서 우리 서비스를 애용하는 고객 숫자를 계량하는 지표다. 다양한 서비스를 이용하는 고객이 많을수록 더 크게 성장할 수 있다.

정체기와 원인

성장 지표가 꺾인 적은 없었다. 론칭하자마자 2주 만에 93개의 주문을 받고 430명의 청소 파트너를 확보하며 꾸준히 성장했다. 론칭 3년 만에 누적 주문 100만 건을 돌파했다. 하지만 많은 스타트업이 그렇듯 질적인 측면에서의 위기는 항상 있었다. 가장 최근의 위기는 2019년 2월에 두 시간짜리 청소 서비스를 출시했을 때였다. 고객들이 3만 원대의 청소 서비스를 이용할 수 있게 되자 수요가 폭발했다. 그런데 두 시간 동안 청소를 해주실 청소 파트너분을 찾는 게 굉장히 어려웠다. 파트너분들은 기존의 네 시간 단위 청소에 익숙했다. 짧은 시간 동안 최소한의 퀄리티와 매출을 맞추기 어렵다고 생각해 두 시간 단위로 일하기를 꺼렸다. 큰 위기였다. 서비스를 출시했는데 정작 필요할 때 이용할 수 없다면 이탈하는 고객이 늘어날 수밖에 없기 때문이다.

작년 초에 갑작스레 터진 코로나19 판데믹도 위기였다. 미소의 주거 관리 서비스는 그동안 대부분 대면으로 이루어졌다. 코로나19가 급격히 확산하던 지난 2~3월, 고객 센터로 전화를 걸어 서비스를 취소한 대부분의 고객은 코로나19를 이유로 들었다. 많은 기업이 타격을 받았겠지만 미소에 단기간 가해진 충격은 굉장히 컸다. 빠른 성장세 덕분에 거의 모든 직군에서 채용을 멈춘 적이 없었는데, 이때는 채용을 일제히 중단했다.

해결책 발견

청소 파트너분들이 가장 걱정하는 게 뭔지 파악하려고 했다. 우리는 높은 고객 만족도를 보유한 파트너에게 보너스를 지급한다. 파트너들은 두 시간 청소 서비스의 고객 만족도가 낮아 보너스가 줄어들까 걱정하고 있었다. 하지만 회사 차원에서 분석해 보니 두 시간 청소의 고객 만족도가 네 시간 청소보다 낮지 않았다. 실제 데이터와 파트너의 인식 사이에 괴리가 컸던 것이다. 문제가 파악되자 해결책도 빠르게 도출할 수 있었다. 핵심은 커뮤니케이션이었다. 주저하는 파트너와 꾸준히 소통했다. 두 시간 청소가 시급이 더 높고, 보너스 규모도 더 작지 않으며, 매칭 알고리즘 덕분에 많이 이동하지 않고도 일할 수 있다고 지속적으로 설득했다. 불안해할 이유가 없다는 점을 계속 강조해 파트너들의 마음을 열 수 있었다.

코로나19 위기는 우선 비대면 서비스를 강조하는 방향으로 돌파를 시도했다. 이전에도 고객이 외출한 상태에서 클리닝을 진행하는 비대면 서비스가 있었다. 하지만 수요가 크지 않았다. 코로나19를 계기로 비대면 청소 요청 건수가 이전보다 70퍼센트 가까이 증가했다. 2019년부터 인테리어나 정리 수납 컨설팅 등 다양한 홈서비스로 사업을 다양화한 것도 큰 도움이 됐다. 코로나19 확산이 보도되자 방역 서비스 수요가 증가할 것을 예상하고 빠르게 움직였다. 실내 소독 서비스를 하루 만에 론칭했다. 판데믹은 기회이기도 했다. 재택근무로 집에서 보내는 시간이 늘어나자 다양한 홈서비스의 수요가 늘어났다. 서비스를 다변화한 상태에서 변화하는 고객 니즈와 시장 상황에 맞게 유연하게 대처했다.

위기 돌파의 동력

파트너와의 소통에 매진한 결과, 두 시간 청소는 미소 서비스의 중요한 부분이 됐다. 지표도 코로나19 이전 수준으로 회복됐다. 지난해 3월 중순에 바닥을 찍고, 4월부터 반등하기 시작하면서 6월에는 코로나19 이전 수준을 기록했다. 9월에는 최고 기록을 경신했다. 위기가 찾아올 때마다 가장 신경 쓰는 부분은 청소 파트너의 만족도다. 미소의 고객은 최종적으로 청소 서비스 사용자들이지만, 일차적으로는 파트너. 파트너가 일에 만족하지 못하면 고객에게 질 높은 서비스를 제공할 수 없다. 사업 초기 깨달은 것이 있다. 고객에게 꾸준히 좋은 평가를 받는 파트너에게 특별한 노하우가 있지 않다는 점이다. 맡은 일을 잘하고 싶다는 마음이 큰 분들이 좋은 평가를 받았다. 이런 마음에 보답하려면 파트너의 목소리에 귀 기울여야 했다. 수십 명의 파트너와 직접 저녁 식사를 하며 이야기를 들었다. 이들의 요구 사항은 큰 게 아니었다. 필요할 때 미소 상담원과 통화할 수 있고, 꾸준히 안정적으로 일할 수 있는 환경을 원했다.

터닝 포인트

비즈니스의 본질을 확실히 발견했을 때가 터닝 포인트였다. 서비스를 처음 써보는 고객이 높은 만족감을 느끼고 오랜 시간 사용을 유지할 때 회사가 폭발적으로 성장할 수 있다는 걸 깨달았다. 새로운 고객을 유치하는 것보다 기존 고객을 유지하는 게 스케일 업의 핵심이었다. 정기 고객이 매달 100명씩 유입되고, 한 달에 5번씩 우리 서비스를 이용한다고 가정해보자. 이분들을 잃지 않는다면, 월별 누적 서비스 건수는 폭발적으로 증가할 수 있다. 정기 고객 5명을 잃는 것이 일회성 사용자 100명을 놓치는 것보다 타격이 크다. 와이콤비네이터에서 들었던 조언도 정기 고객 수에만 집중하라는 거였다. 투자, 매출, 인지도, 소셜미디어 언급량 전부 신경 쓰지 않고 정기 고객 관련 지표만 생각했다.

스케일 업의 핵심 요소

좋은 제품이다. 좋은 제품은 계속 구매하고 싶은 제품이다. 고객이 계속 다시 찾는 제품이나 서비스를 만들기 위해서는 직원들이 같은 방향을 볼 수 있어야 한다. 이 방향은 대표 혼자서 설정하는 것이 아니다. 창업 초기에는 멤버들의 완벽한 동의가 필요하고, 이후에는 회사의 목표와 방향, 비전을 직원들에게 꾸준히 전달하고 설득해야 한다. 회사의 비전과 미션이 무엇이고 이게 왜 중요한지 명확하게 설명하는 일을 게을리해서는 안 된다.

직원 개개인의 업무가 어떻게 회사의 비전과 연결되는지 전달하는 것 또한 대표의 중요한 업무다. 와이콤비네이터 참여 당시 스페이스X 직원과 대화를 나눌 기회가 있었다. 스페이스X의 목표는 화성에 사람이 살 수 있는 환경을 만드는 것이다. 화성에 인간이 거주하려면 우선 우주여행이 저렴해져야 하고, 그러기 위해서 재활용 가능한 로켓을 가능하게 하는 기술이 개발되어야 하는데, 그 직원은 로켓 부품 중 하나를 설계하는 자신의 일을 회사의 거대한 비전과 명확히 연결 지어 설명했다. 개인의 직무와 회사의 비전을 연결해서 바라볼 수 있는 멤버를 가진 조직이 되어야 장기적으로 성장을 이어나갈 수 있다.

다음 목표

고객이 필요로 하는 모든 홈서비스를 미소에서 찾을 수 있도록 하는 것이다. 지금은 어떤 제품이나 서비스가 필요하면 네이버 같은 포털을 통해 검색한다. 주거 관련 서비스뿐 아니라 생활과 관련된 모든 서비스가 필요할 때 소비자가 미소 앱을 떠올리게 하는 것이 목표다.

솔라커넥트 이영호 대표 ; 발상의 전환과 플랫폼 확장

솔라커넥트는 신재생 에너지 사업자에게 발전소 기획, 시공, 운영 전 단계에 걸친 통합 서비스를 제공하는 플랫폼이다. 태양광, 풍력 등 발전소를 운영하고자 하는 사업자와 제조사, 시공사, 금융사 등을 연결한다. 신재생 에너지 업계는 시공사 등 공급자와 발전소 모두 소규모 사업체가 난립하는 형태였다. 솔라커넥트는 신재생 에너지의 가치 사슬을 통합해 공급자에게는 꾸준한 수요를, 발전소 사업자에게는 저렴한 서비스와 제품을 제공하며 꾸준히 성장했다. 2016년 9월 설립 이래 지난해 6월까지 태양광 누적 사업 개발 용량 380메가와트, 누적 사업 규모 1760억 원을 기록한 솔라커넥트의 이영호 대표를 만났다.

핵심 성과 지표

솔라커넥트는 발전소 플랫폼이기 때문에 고객층 자체가 다르다. 일반 소비자를 대상으로 하는 사업은 가입자 숫자나 고객의 서비스 구매 횟수, 재구매율 등이 중요하다. 2~3만 원 정도의 소비재는 반복적으로 구매하게 되기 때문이다. 배달의민족을 떠올리면 쉽다. 하지만 태양광 발전소는 한 번 지으면 20~30년을 사용한다. 현재 시장의 잠재 고객이 재구매를 하는 경우는 거의 없다. 그래서 2016년 9월 창업한 뒤 1년이 넘는 시간 동안 핵심 지표를 무엇으로 삼아야 할지 오래 고민했다. 고심 끝에 우리가 서비스한 발전소의 발전 용량 총합을 성과 지표로 삼고 있다. 누적 발전 용량뿐 아니라 연도별, 월별로 유치한 발전 용량도 주요 성과 지표다.

정체기와 원인

빠르게 커지고 있는 신재생 에너지 업계에서 지속적인 성장을 이뤄 왔지만, 기존 사업 모델은 스케일 업을 하기 쉽지 않은 구조였다. 솔라커넥트는 발전소 기획부터 건설, 운영 전반에 걸쳐 개입한다. 신재생 에너지 시장의 잠재 고객이 우리를 사업자로 삼아 발전소 건설을 시작하고 완공하기까지 1~2년이 걸리는 구조였다. 시장 탐색도 굉장히 어려운 과제였다. 일반적인 소비자 대상 사업의 경우, 내가 우리 회사 고객이라고 생각하고 고민하면 회사가 어떤 방향으로 가야 할지 실마리를 찾을 수 있다. 하지만 수많은 태양광 발전소 사업자들이 무엇을 원하는지 유추하기는 쉬운 과제가 아니었다. 발전소가 고객인 사업이라 보다 정밀한 시장 분석이 필요했다.

팀에 합류할 인재를 찾는 데도 많은 어려움을 겪었다. 사업이 성장하는 속도에 맞춰 꼭 필요한 분이 적절하게 합류해야 한다. 하지만 에너지 업계는 낯선 분야이다 보니 지원자가 많지 않았다. 기존 에너지 업계 종사자를 모셔 오기도 쉽지 않았다. 우리에게 필요한 인재의 역량과 기존 업계에 종사하고 있는 분들이 특화한 전문성에 차이가 있었기 때문이다. 예를 들어 급성장하고 있는 태양광 업계의 전문가 대부분은 발전소 시공 분야에서 일하고 있다. 신재생 에너지 발전 플랫폼인 솔라커넥트에는 시공 전문가보다는 금융, 소프트웨어 개발, 전기 엔지니어 등 다양한 분야의 인재가 필요했다. 에너지 업계에서 플랫폼을 세우는 시도가 처음이었기 때문에 함께 새로운 구상을 할 분을 찾기가 어려웠다.

해결책 발견

발상의 전환이 해답이었다. 창업 당시에는 새로운 발전소 사업자를 플랫폼에 유치하는 데 집중했다. 신규 발전소 사업자를 대상으로 건설, 운영, 금융 서비스를 통합적으로 제공했다. 그렇게 3년간 신규 태양광 사업자를 위한 플랫폼을 만들어 놓고 보니, 이미 건설된 발전소가 눈에 들어왔다. 이미 사업

중인 발전소가 많은데, 기존 사업자에게 우리 서비스를 제공할 수 있다면 양적인 성장을 이룰 수 있을 것 같다는 생각이 들었다. 솔라커넥트 플랫폼이 기존 사업자 대상으로도 규모의 경제를 이룰 수 있다는 발견이 급격한 성장의 발판이었다.

채용의 어려움은 인재 풀을 넓혀 가면서 해결했다. 플랫폼 사업이다 보니 금융이나 IT 인재가 가장 필요했다. 초기에는 증권사와 정보 통신 업계 경력이 있는 창업자들의 이력을 살려 지인을 통해 인재를 찾았다. 초기 멤버가 떠나지 않고 핵심 구성원이 되는 것도 중요하다. 실제로 초기에 합류한 직원을 통해 인재 풀을 넓힐 수 있었다. 사업 초반에 인턴으로 대학교 3학년인 분이 합류했다. 이분이 재학 중이던 학교에는 친환경 기업이나 단체에서 인턴으로 일하면 학점을 인정해 주는 프로그램이 있었다. 신생 기업이었던 우리는 포함되어 있지 않았는데, 이분이 학교를 설득했다. 그 프로그램으로 학기 중 근무했고, 졸업을 1년 남겨 둔 시점에 정규직으로 채용됐다. 이후 학기마다 두세 명이 이 프로그램을 통해 인턴으로 일했고, 현재 이렇게 정직원으로 합류한 인원이 네 명이다.

성장 동력

적극적인 시장 탐색이 가장 큰 성장 동력이었다. 시장 탐색을 통해 태양광 발전소끼리 효율이나 크기, 발전 단가 등을 비교하는 서비스가 없다는 걸 발견했다. 부동산과 비교하자면 직방이나 네이버 부동산과 같은 플랫폼이 없었던 것이다. 새로운 발전소 비교 플랫폼을 시험하는 과정에서 '발전왕'이라는 발전량 콘테스트를 열었다. 솔라커넥트에 포함된 발전소를 시도별로 나눠 발전량 기준 1, 2, 3등을 뽑았다. 프로토타입으로 만든 발전왕 이벤트에 기존 사업자가 폭발적으로 반응했다.

터닝 포인트

새로운 고객에게 필요한 서비스가 무엇인지 정확히 파악하고 빠르게 움직였다. 2019년 4월 콘테스트를 연 후 4개월 만에 발전소 비교 웹사이트를 론칭했다. 같은 해 8월부터 12월까지 시장 조사도 추가로 진행했다. 기존 사업자가 발전소 운영 및 관리, 전력 중개, 실시간 모니터링 등의 서비스에 높은 관심이 있다는 사실을 확인했다. 지난해 1월부터 3개월 동안 앱 서비스를 준비해 4월에 론칭했다. 앱 론칭 후 신규 유입된 발전소의 발전량 총합이 이전 4년 동안의 누적 발전량을 넘어섰다. 괄목할 만한 성장을 이루기 위해서는 고객이 뭘 원하는지, 어떤 문제를 우리 회사를 통해 해결하기를 원하는지 파악하는 게 중요하다는 점을 다시 확인했다.

스케일 업의 핵심 요소

보통 투자가 제일 중요하다고 이야기한다. 스케일 업이 일어나려면 초기에 많은 자원이 투입되어야 하는데, 적기에 투자받지 못하면 자원을 끌어올 수 없기 때문이다. 하지만 투자가 충분조건은 아니다. 더 중요한 것은 팀이 한 방향을 바라보도록 일치시키려는 노력이다. 널리 알려지지 않은 에너지 부문에서 사업하는 우리에게는 회사의 목표를 팀원에게 이해시키는 과정이 중요했다. 이를 위해 새로 입사한 팀원을 대상으로 발전소 투어를 진행하고 있다. 단순한 견학이 아니라 우리가 맡아 진행하는 사업의 면면을 볼 수 있는 기회다. 기획, 건설, 운영 단계에 있는 발전소를 자세히 둘러볼 수 있다. 투어를 한 번 다녀오면 프로젝트 전반의 큰 그림을 파악할 수 있다. 대표와 경영진, 기존 멤버의 관점을 습득하는 기회인 셈이다.

빠른 성장을 위해 프로젝트를 마무리하는 것도 강조하고 있다. 실패하든 성공하든 기한에 맞춰 프로젝트를 끝내는 게 중요하다. '클로징' 이후에야 하나의 단계를 마무리하고, 다음 단계로 어떻게 나아갈지 정리할 수 있다. 그렇지 않으면 해야 할 일이 계속 쌓인다. 큰 프로젝트도 마무리해야 하지만, 작은 하위 단계를 끝내는 일도 중요하다. 각 단계를 끝내지 못하면 병목 현상이 생기고, 회사 전체의 속도가 느려진다. 스케일 업에 치명적이다. 마무리가 안 돼 실패했는지 성공했는지 모르는 경우가 최악이다. 시간과 자원을 썼는데, 성과나 교훈 모두 얻을 수 없기 때문이다.

다음 목표

플랫폼에 태양광 발전소를 최대한 많이 모으는 걸 목표로 삼고 있다. 이후 에너지를 저장하고, 거래하고, 다른 에너지원과 결합해 서비스를 제공하는 방식으로 플랫폼을 확장하고자 한다. 신재생 에너지 발전소는 날씨와 시간대에 따라 발전량에 차이가 크다. 하지만 플랫폼 사업자가 다른 지역에 있는 여러 개의 발전소를 묶는다면 문제를 해결할 수 있다. 인공지능과 머신 러닝으로 발전 패턴을 분석하고 예측할 수 있기 때문이다. 플랫폼 내 발전소들을 하나의 시스템으로 운영하고, 전기가 필요한 고객의 수요 패턴에 맞춰 수요와 공급을 일치하는 역할까지 할 수 있다. 이런 역할을 할 수 있는 전력 거래 사업자로 거듭나는 게 궁극적인 목표다.

매스프레소 이종훈, 이용재 대표 ; 패턴을 발견하고, 기술을 적용하라

매스프레소는 학생들이 모르는 문제를 사진 찍어 검색하면 5초 안에 풀이해 주는 문제 검색 애플리케이션 콴다를 운영하고 있다. 수학 및 과학 문제를 검색하면 비슷한 유형의 문제를 제공하고, 맞춤 강의도 추천한다. 2016년 1월 론칭한 콴다는 2017년 10월 인공지능 기반 검색 서비스를 도입한 후 폭발적으로 성장했다. 일본, 베트남, 인도네시아, 태국, 인도 등에도 진출했고, 5개국 교육 앱 차트에서 1위를 차지했다. 매달 500만 명 이상의 사용자가 콴다로 학습한다. 콴다를 운영하는 매스프레소 이종흔, 이용재 대표와 서면으로 이야기를 나눴다.

핵심 성과 지표

가장 중요한 지표는 월간 활성 사용자 수인 MAU다. MAU는 한 달에 한 번 이상 앱을 이용한 사용자 수로 집계한다. 일회성 사용자보다 자주 앱을 사용해 공부하는 사용자가 몇 명인지가 더 중요하다. MAU를 높이기 위해서는 신규 유입도 중요하지만, 기존 고객이 앱을 계속 사용해야 한다. 이는 콴다가 학생이 필요로 하는 콘텐츠를 지속해서 제공할 수 있을 때만 가능하다. 그렇기 때문에 검색 성공률도 중요한 지표다. 필요한 문제 풀이가 검색되지 않으면 실망한 사용자는 계속 빠져나가고, MAU 성장도 어렵다.

MAU는 데이터 확보 측면에서도 중요하다. 콴다는 학생 개인의 실력과 진도에 맞게 교육 콘텐츠를 추천해 주는 서비스를 운영한다. 80퍼센트 정도의 학습 성취도를 가진 학생과 이제 막 학습을 시작한 학생에게 필요한 교육 콘텐츠는 다를 수밖에 없다. 이 차이를 파악하고 알맞은 학습 자료를 추천하려면 데이터가 많이 필요하다. 경쟁 서비스보다 독보적으로 많은 사용자 수를 확보해 네트워크 효과를 극대화하려 노력하고 있다. 업계 1위여야 가장 많은 데이터를 확보할 수 있고, 가장 고도화된 추천 알고리즘을 보유할 수 있다.

정체기와 원인

서비스 초기에는 질문하는 학생과 문제를 풀이하는 교사가 일대일로 연결되는 구조였다. 지속적인 성장을 보장하는 사업 모델이라고 보기 어려웠다. 과외를 온라인 공간으로 옮긴, 굉장히 노동 집약적인 서비스였다. 게다가 초기에는 교사가 부족해 창업자인 우리도 직접 문제를 풀었다. 운전 중 질문이 올라오면 도로변에 차를 세워 놓고 풀고, 밥 먹다가 문제가 올라오면 도중에 푸는 식이었다.

질문 답변 중개 서비스였던 초기에는 문제 한 건당 500원 정도의 금액을 책정해 유료로 서비스했다. 400원을 과외 교사에게 지급하고, 100원이 수수료였다. 서버비 등 고정비를 계산해 적정한 가격을 책정했다고 생각했지만, 마케팅 비용, 인건비 등을 고려하지 못한 가격이었다는 게 곧 드러나면서 매출 적자로 이어졌다. 학생들이 무료로 제공된 질문을 소진하고 난 뒤에는 추가 결제를 하지 않는다는 점도 큰 걸림돌이었다. 지속적인 스케일 업이 어려운 구조인 데다 유료 결제 학생조차 늘지 않던 정체기였다.

해결책 발견

문제를 계속 풀다 보니, 같은 질문이 반복해서 올라오는 패턴을 발견했다. 이미 업로드된 좋은 풀이가 있는데 다른 교사가 문제를 다시 풀 필요가 없다는 걸 깨달았다. 앱이 보유하고 있는 문제 풀이를 활용할 방법이 없을까 고민했다. 이때가 마침 에듀 테크 시장에서 검색 기술이 뜰 때였다. 문답 과정에서 축적된 사진 데이터를 활용하기 위해 광학 문자 인식 기술(Optical Character Recognition·OCR)을 도입했다. 이 기술로 변환한 문제 데이터를 머신 러닝 등 인공지능 기술을 활용해 처리하는 알고리즘을 개발했다. 학생이 질문을 업로드하면 인간 교사가 일일이 문제를 풀이하는 질문 서비스에서 이미지를 글자로 변환해 문제 풀이에 연관된 콘텐츠를 찾아 제공하는 검색 서비스로 옮겨 가면서 성장의 단초를 발견했다.

정체기 돌파의 동력

검색 서비스를 도입한 뒤 폭발적인 성장이 시작됐다. 2017년 10월에 검색 서비스를 도입한 후 1년 만에 앱 트래픽이 250배

증가했다. 당시 딥 러닝이라는 새로운 인공지능 기술의 파도가 몰려온 게 성장에 큰 도움이 됐다. 많은 데이터를 바탕으로 기계가 스스로 반복되는 패턴을 발견하는 딥 러닝 도입이 우리가 이미 축적해 둔 문제 풀이 데이터와 결합해 서비스 고도화로 직결됐다.

정체기 동안 버틸 수 있었던 원동력은 처음 창업할 때의 마음가짐이었다. 나는 인천에서 고등학교를 나왔는데, 대학에 다닐 때 강남에서 과외를 하며 인천과 강남의 교육 격차를 실감했다. 학생이 얼마나 질 좋은 사교육에 접근할 수 있느냐가 성적 격차를 만들어 내고 있었다. 공동 창업자인 우리가 지방에서 공부하면서 직접 경험한 교육 불평등을 해소하기 위해 콴다를 시작했기에 조금만 더 해보자는 생각으로 버틸 수 있었다. 다행히 기술과 시장의 흐름이 변화하면서 해결책을 찾을 수 있었다.

터닝 포인트

사용자 경험이 대폭 개선된 것이 결정적이었다. 그전에는 교사가 문제를 풀어 줄 때까지 기다려야 했다. 검색 서비스를 도입한 후에는 이용자가 문제를 촬영하기만 하면 몇 초 이내에 풀이가 매칭된다. 문제와 연관된 10분 내외의 강의 콘텐츠도 제공되고, 필요하면 교사한테 직접 질문하는 유료 서비스도 사용할 수 있다. 동시에 일본, 베트남, 인도네시아 등 훨씬 큰 시장으로 진출하며 서비스 규모를 대폭 키웠다. 다양한 국가로 진출하며 학습 데이터가 쌓이는 속도가 증가했고 이는 알고리즘 고도화로 이어졌다. 서비스가 성장했을 뿐 아니라 조직의 크기와 구성원 수도 폭발적으로 증가했다.

스케일 업의 핵심 요소

고객에게 제공하는 서비스의 본질에 집중하는 것이 제일 중요하다. 사용자가 어려움을 겪는 문제의 핵심을 잘 정의하고 해결할 방법을 고민해야 한다. 콴다는 구글이나 네이버 등 기존 검색 서비스가 해결하지 못했던 교육 콘텐츠 검색 문제를 해결했다. 학생들이 공부에서 가장 어려워하는 부분을 파악하고, 이미지 검색 기능을 통해 문제를 해결하면서 폭발적으로 성장할 수 있었다.

직원이 회사의 목표에 공감하고, 함께 고민하게 만드는 것도 중요하다. 회사가 커지면 대표와 창업 멤버의 목소리가 조직 전체에 닿지 않는 경우가 생긴다. 회사의 문화와 색깔을 분명히 하고, 그 기준에 맞춰 일관된 의사 결정을 해야 한다. 그래야 조직의 정체성과 목표, 기준에 구성원이 공감하고 신뢰할 수 있다.

다음 목표

아직 양적인 성장이 끝나지 않았다고 생각한다. 해외 시장에 진출할 때, 현지 중·고등학생 수의 약 30퍼센트를 MAU 목표로 잡는다. 아직 이 기준이 달성되지 않았기 때문에 더 크게 성장해야 한다. 트래픽뿐 아니라 수익화를 통한 성장 동력 확보도 매스프레소가 주력하고 있는 과제다. 광고 등 외부 협력을 통한 매출 증대보다 자체 콘텐츠로 수익을 창출하는 방향을 고민하고 있다. 음악을 들을 때 이제 앨범 단위가 아니라 노래 단위로 스트리밍하게 된 것처럼 교육 콘텐츠도 단원별, 문제 유형별로 세부적으로 나눠 개인화된 형태로 제공하기 위해 노력하고 있다. 학생이 문제를 검색해 풀이를 확인한 후 추천받은 교육 콘텐츠를 구매해 추가로 학습하는 방식이다. 인공지능이 학생의 진도와 성취도를 파악해 개인화된 학습을 안내하는 과외 선생님 역할을 하는 미래를 그리고 있다.

북저널리즘 인사이드　　　　문제 해결과
　　　　　　　　　　　　　혁신의 정신

후드 티셔츠에 청바지를 입고 출근한다. 통상적으로 쓰이는 직급 대신 이름에 '님'자를 붙이거나 영어 이름으로 호칭한다. 회의 시간에는 누구나 자유롭게 의견을 낸다. 의사 결정과 실행 속도가 빠르다. '스타트업'이라는 단어를 들었을 때 가장 먼저 연상되는 이미지들이다. 그리고 이런 이미지는 이제 일종의 클리셰로 받아들여지곤 한다. 하지만 특유의 유연성과 에너지가 스타트업의 본질은 아니다.

유통 시스템을 혁신해 미국 안경 시장에서 유니콘으로 성장한 와비파커Warby Parker의 창업자 닐 블루멘탈Neil Blumenthal은 말한다. "스타트업은 해결책이 명확하지 않고, 성공이 보장되지 않는 영역에서 문제를 해결하기 위해 노력하는 기업이다." 그의 정의에 따르면 스타트업이란 아무도 가본 적 없고 정확한 이정표도 없는 낯선 길에 뛰어들어 변화를 만드는 조직이다.

물론 이 정의에 모두가 동의하지 않을 수도 있다. 누군가는 "100명의 사람이 있다면 100개의 스타트업 정의가 나올 것"이라는 말까지 한다. 그만큼 스타트업을 한마디로 명쾌하게 정의하기가 쉽지 않다는 의미다. 다만, 수많은 정의 가운데 반복적으로 언급되는 가치에는 모두가 고개를 끄덕이게 되는데, 바로 문제 해결이다. 이는 극한의 불확실성 속에서 비즈니스 확장과 성장을 달성하기 위한 핵심으로 꼽힌다.

이 책에는 성장을 위해 치열하게 고민하는 스타트업 16곳의 혁신 사례가 담겨 있다. 초창기 팀 빌딩 단계부터 아이디어 구체화 단계, 조직 문화 구축 단계, 위기 상황에서 새로운 비즈니스로 방향을 전환하는 피벗pivot 단계, 정체기를 지나 기업 가치를 극대화하는 스케일 업Scale up 단계까지, 일련의 과정에서 직면한 문제를 어떤 방식으로 풀어냈는지 소개한다.

제품이나 서비스가 사람들로부터 선택받아 성장과 혁신을 지속한다는 것은 바꿔 말해 끊임없이 문제를 해결했다는 의미다. 그래서 혹자는 스타트업을 기업이 아닌, 일종의 정신 상태로 이해하기도 한다. 스타트업에게 중요한 것은 비즈니스를 이어 온 기간이나 그동안 벌어들인 수익이 아니다. 조직 내부, 소비자, 나아가 세상의 문제를 해결하기 위해 적극적으로 혁신하겠다는 의지다.

전찬우 에디터